枝叶总关情

金句里的民生答案

洪向华○主编

山东人民出版社·济南

国家一级出版社 全国百佳图书出版单位

图书在版编目（CIP）数据

枝叶总关情 : 金句里的民生答案 / 洪向华主编. --
济南 : 山东人民出版社, 2025.1
ISBN 978-7-209-14638-8

Ⅰ.①枝… Ⅱ.①洪… Ⅲ.①社会保障－研究－中国
Ⅳ.①D632.1

中国国家版本馆CIP数据核字（2023）第088562号

枝叶总关情

ZHIYE ZONG GUAN QING

——金句里的民生答案

洪向华　主编

主管单位　山东出版传媒股份有限公司
出版发行　山东人民出版社
出 版 人　胡长青
社　　址　济南市市中区舜耕路517号
邮　　编　250003
电　　话　总编室（0531）82098914
　　　　　市场部（0531）82098027
网　　址　http://www.sd-book.com.cn
印　　装　山东华立印务有限公司
经　　销　新华书店

规　　格　16开（169mm×239mm）
印　　张　16
字　　数　220千字
版　　次　2025年1月第1版
印　　次　2025年1月第1次
ISBN 978-7-209-14638-8
定　　价　56.00元
如有印装质量问题，请与出版社总编室联系调换。

枝叶总关情

——习近平总书记的民生牵挂

习近平总书记强调指出，要践行宗旨为民造福，教育引导广大党员、干部牢固树立以人民为中心的发展思想，坚持一切为了人民、一切依靠人民，自觉问计于民、问需于民，始终同人民同呼吸、共命运、心连心，着力解决人民群众急难愁盼问题，把惠民生、暖民心、顺民意的工作做到群众心坎上，增强人民群众获得感、幸福感、安全感。2024年12月召开的中央经济工作会议再次强调要加大保障和改善民生力度，增强人民群众获得感幸福感安全感。

2012年11月15日，十八届中共中央政治局常委同中外记者见面时，习近平总书记向世界庄严宣示："人民对美好生活的向往，就是我们的奋斗目标。"习近平主席在2025年新年贺词中指出："家事国事天下事，让人民过上幸福生活是头等大事。家家户户都盼着孩子能有好的教育，老人能有好的养老服务，年轻人能有更多发展机会。这些朴实的愿望，就是对美好生活的向往。""我到地方考察，看到大家生活多姿多彩。天水花牛苹果又大又红，东山澳角村渔获满舱。麦积山石窟'东方微笑'跨越千年，六尺巷礼让家风代代相传。天津古文化街人潮熙攘，银川多民族社区居民亲如一家。对大家关心的就业增收、'一老一小'、教育医疗等问题，我一直挂念。"习近平总书记是这么说的，也是这么做的，他始终把老百姓的冷暖牵挂在心上。党的十八大以来，每逢春节前夕，习近平总书记都要深入基层看望慰问群众，察实情、问冷暖，与百姓共迎新春。以习近平同志为核心的党中央坚持以人民为中心的发展思想，在大量的基层调研中了解民生实情，坚持问题导向，多谋民生之利、多解民生之忧。

党的十八大以来，我国出台2000多个改革方案，涉及衣、食、住、行、教育、医疗、养老等各个环节。2022年，习近平总书记在党的二十大报告中回顾和总结了新时代十年民生领域取得的成就，指出我们深入贯彻以人民为中心的发展思想，在幼有所育、学有所教、劳有所得、病有所医、老有所养、住有所居、弱有所扶上持续用力，人民生活全方位改善。我国人均预期寿命增长到七十八点二岁。居民人均可支配收入从一万六千五百元增加到三万五千一百元。城镇新增就业年均一千三百万人以上。建成世界上规模最大的教育体系、社会保障体系、医疗卫生体系，教育普及水平实现历史性跨越，基本养老保险覆盖十亿四千万人，基本医疗保险参保率稳定在百分之九十五。及时调整生育政策。改造棚户区住房四千二百多万套，改造农村危房二千四百多万户，城乡居民住房条件明显改善。互联网上网人数达十亿三千万人。人民群众获得感、幸福感、安全感更加充实、更有保障、更可持续，共同富裕取得新成效。

今天的中国，每一个人都有可触可及的获得感、幸福感、安全感。"保障和改善民生没有终点，只有连续不断的新起点。"党的二十大报告指出，江山就是人民，人民就是江山。中国共产党领导人民打江山、守江山，守的是人民的心。治国有常，利民为本。为民造福是立党为公、执政为民的本质要求。必须坚持在发展中保障和改善民生，鼓励共同奋斗创造美好生活，不断实现人民对美好生活的向往。

我们要按照党的二十大、二十届三中全会以及中央经济工作会议提出的要求，紧紧抓住人民最关心最直接最现实的利益问题，坚持尽力而为、量力而行，深入群众、深入基层，采取更多惠民生、暖民心举措，着力解决人民群众急难愁盼问题，健全基本公共服务体系，提高公共服务水平，增强均衡性和可及性，扎实推进共同富裕。

目　录

前言　枝叶总关情——习近平总书记的民生牵挂　　001

一　实现中国式现代化能给老百姓带来什么?　　001

二　如何做到让老百姓穿得好、穿得放心?　　010

三　如何保证食品安全?　　018

四　如何实现住有所居?　　028

五　如何解决农村出行问题?　　036

六　如何解决农村取暖问题?　　045

七　如何关爱农村留守儿童、妇女、老年人?　　053

八　如何解决用水紧张问题?　　062

九　如何解决用电紧张问题?　　071

十　如何做好供气供暖工作?　　080

十一　社区工作怎样才能更好为老百姓服务?　　088

十二　如何做到幼有所育?　　096

十三　如何做到学有所教?　　105

十四　如何解决劳有所得问题?　　113

十五　如何解决就业难问题?　　120

十六　如何解决看病难、看病贵问题?　128

十七　如何做到老有所养?　136

十八　如何应对数字化转型给老年人带来的挑战?　145

十九　如何解决电信网络诈骗问题?　152

二十　老百姓的"钱袋子"如何鼓起来?　161

二十一　怎样让老百姓敢消费?　169

二十二　如何提高公共服务水平?　178

二十三　如何解决小微企业和个体工商户的发展问题?　186

二十四　如何保护文化遗产?　194

二十五　如何欣赏到更好的文艺作品?　202

二十六　如何避免网络暴力发生?　210

二十七　如何打击黑恶势力?　218

二十八　如何治理群众身边的腐败?　226

二十九　如何让天更蓝、山更绿、水更清?　235

后　记　244

实现中国式现代化能给
老百姓带来什么?

民生金句

　　中国式现代化是全体人民共同富裕的现代化,不能只是少数人富裕,而是要全体人民共同富裕。

习近平总书记指出："我们要坚守人民至上理念，突出现代化方向的人民性。人民是历史的创造者，是推进现代化最坚实的根基、最深厚的力量。现代化的最终目标是实现人自由而全面的发展。现代化道路最终能否走得通、行得稳，关键要看是否坚持以人民为中心。现代化不仅要看纸面上的指标数据，更要看人民的幸福安康。政党要锚定人民对美好生活的向往，顺应人民对文明进步的渴望，努力实现物质富裕、政治清明、精神富足、社会安定、生态宜人，让现代化更好回应人民各方面诉求和多层次需要，既增进当代人福祉，又保障子孙后代权益，促进人类社会可持续发展。"

（一）中国式现代化的共同富裕是全体人民共同富裕

习近平总书记强调："共同富裕是社会主义的本质要求，是中国式现代化的重要特征。我们说的共同富裕是全体人民共同富裕，是人民群众物质生活和精神生活都富裕，不是少数人的富裕，也不是整齐划一的平均主义。"共同富裕是社会主义的本质要求，是中国式现代化的重要特征。中国式现代化的共同富裕不是某一地区的共同富裕，不是少数人的共同富裕，而是14亿多全体中国人民的共同富裕。我们不能等实现了现代化再来解决共同富裕问题，而是要始终把满足人民对美好生活的新期待作为发展的出发点和落脚点，在实现中国式现代化过程中不断地、逐步地解决好这个问题。

着力解决发展的不平衡不充分的问题。中国特色社会主义进入新时代和社会主要矛盾发生转变，标志着我国即将迈入共享发展成果、实现共同富裕的新时代，意义重大而深远。由于历史、自然地理条件、区位优势的差异，我国区域发展不平衡，由此导致区域间收入分配差距较大。就宏观区域协调发展而言，我国着力推动西部大开发形成新格局，深入推进东北全面振兴，发挥优势推动中部地区崛起，创新引领率先实现东部地区优先发展，重点实施京津冀协同发展、长江经济带发展、粤港澳大湾区发展等战略，加快构建要素有序自由流动、基本公共服务均等、资源环境可承载的区域协调发展新机制，以实现区域协调发展。新时代以来，我国区域协调发展成果显著，区域发展相对差距持续缩小。2023年末，我国城镇常住人口达93267万，比2022年增加1196万；乡村常住人口47700万，比2022年减少1404万。常住人口城镇化率为66.16%，比2022年提高0.94个百分点。从提高幅度看，较2022年扩大0.44个百分点。分区域看，全年东部地区生产总值652084亿元，比上年增长5.4%；中部地区生产总值269898亿元，比上年增长4.9%；西部地区生产总值269325亿元，比上年增长5.5%；东北地区生产总值59624亿元，比上年增长4.8%。全年京津冀地区生产总值104442亿元，比上年增长5.1%；长江经济带地

港珠澳大桥是"一国两制"框架下粤港澳三地首次合作建设的大型跨海交通工程，也是世界上最长的跨海大桥工程（图源：视觉中国）

区生产总值584274亿元，比上年增长5.5%；长江三角洲地区生产总值305045亿元，比上年增长5.7%。粤港澳大湾区建设、黄河流域生态保护和高质量发展等区域重大战略深入推进。数据显示东西差距持续缩小，区域发展的协调性逐步增强。

全面推进城乡协调发展，提高国内大循环的覆盖面。我国城乡和区域发展政策的实施始终致力于提升区域经济实力、消除城乡差距和区域差距，让现代化建设成果更多更公平惠及全体人民，扎实推进共同富裕。充分发挥乡村作为消费市场和要素市场的重要作用，全面推进乡村振兴，推进以县城为重要载体的城镇化建设，推动城乡融合发展，增强城乡经济联系，畅通城乡经济循环。引导城乡之间各种要素的双向流动，实现城乡之间由"帮扶关系"转向"互惠互利关系"。防止各地搞自我小循环，打消区域壁垒，真正形成全国统一大市场。推动区域协调发展战略、区域重大战略、主体功能区战略等深度融合，优化重大生产力布局，促进各类要素合理流动和高效集聚，畅通国内大循环。

（二）共同富裕是物质与精神生活统一的全面富裕

"物质富足、精神富有是社会主义现代化的根本要求。物质贫困不是社会主义，精神贫乏也不是社会主义。"中国式现代化全面把握了共同富裕的科学内涵，同时促进人民的物质生活和精神生活的丰富和发展。当前，我国已进入新发展阶段，新阶段指向新目标，新目标引领新征程。实现到2035年"全体人民共同富裕取得更为明显的实质性进展"的目标，必须要坚持物质富裕和精神富裕相统一。

在百年征程中，中国共产党团结带领人民以坚定不移、顽强不屈的信念和意志与贫困作斗争，不断探索改善民生、发展生产的宝贵经验。习近平总书记多次强调"我们必须坚持发展为了人民、发展依靠人民、发展成果由人民共享"，提出在发展过程中"绝不能出现'富者累巨万，而贫者食糟糠'的现象"，带领全党全国各族人民，朝着共同富裕的方向稳步前进。2021年7月1日，习近平总书记在庆祝中国共产党成立100周年大会上庄严宣告："经过全党全国各族人民持续奋斗，我们实现了第一个百年奋斗目标，在中华大地上全面建成了小康社会，历史性地解决了绝对贫困问题。"我国实现了人民生活从温饱不足到总体小康、奔向全面小康的历史性跨越。国内生产总值、人均国内生产总值分别突破一百万亿元和一万美元，中等收入群体超过四亿人，实现从低收入国家到中等偏上收入国家的跨越，为实现共同富裕创造了扎实基础、提供了良好条件。

促进共同富裕，既需要良好的物质条件，又需要良好的精神环境。坚持物质生活和精神生活的统一，是实现全体人民共同富裕的关键，需要齐抓共建、协同发展。新时代以来，以习近平同志为核心的党中央高度重视文化建设，特别将道路自信、理论自信、制度自信、文化自信列为中国特色社会主义"四个自信"，围绕举旗帜、聚民心、育新人、兴文化、展形象的使命任务，推动文化建设取得重大历史性成就。全党全社会把习近平新时代中国特色社会主义思想作为主心骨，积极推动习近平新时代中国特色社会主义思想深入人心。马克思主义在意识形态领域的指导地位更加鲜明，中国特色社会主义和中国梦深入人心，社会主义核心价值观和中华优秀传统文化广泛弘扬，国家文化软实力和中华文化影响力大幅提升，全党全社会思想上的团结统一更加巩固。哲学社会科学管理体制更加健全，哲学社会科学创新平台、研究基地、传播中心、话语体系建设深入推进，中国特色新型智库作用发挥更加充分,哲学社会科学进一步繁荣发展。群众性精神文明创建活动扎实开展。社会公德、职业道德、家庭美德、个人品德建设深入推进,人民思想觉悟、道德水准、文明素养不断提高,公民道德建设取得显著成效。

(三)坚持走生产发展、生活富裕、生态良好的文明发展道路

习近平总书记强调:"要走生态优先、绿色低碳发展道路,在经济发展中促进绿色转型、在绿色转型中实现更大发展。"生态环境问题归根到底是发展方式和生活方式问题。党的十八大以来,以习近平同志为核心的党中央把生态文明建设摆在全局工作的突出位置,开展了一系列根本性、开创性、长远性工作,构建人与自然和谐共生的生命共同体,我国生态文明建设从认识到实践都发生了历史性的变化,创造了举世瞩目的生态奇迹和绿色发展奇迹,美丽中国建设迈出重大步伐。绿色成为新时代中国的鲜明底色,绿色发展成为中国式现代化的显著特征。

坚持生态惠民,以绿色发展理念为引领。中国式现代化高扬生态文明建设的鲜亮旗帜,坚持以绿色发展理念为引领。习近平总书记指出:"我们要加快形成绿色发展方式,促进经济发展和环境保护双赢,构建经济与环境协同共进的地球家园。"

绿色低碳发展必须推动技术优化升级，深度调整产业结构和能源使用结构，深入实施供给侧结构性改革，做好传统产业生态化、循环化、低碳化转型发展。合理开发生态资源，提高绿色资源的开发成效以及探索能源的循环利用和再生方式，用高水平环境保护推动高质量经济发展，将生态优势转化为发展优势，使绿水青山产生巨大效益，让良好生态环境成为经济社会可持续发展的支撑，从而寻找到经济发展和绿色发展的新平衡点，促进全球经济向上向善持续绿色健康发展。共同构建清洁美丽的家园，让人民在绿水青山中共享自然之美、生命之美、生活之美。

坚持生态利民，大力生产和培育优质的生态产品。必须把经济建设成果切实转化为优质的生态产品。要大力创造和培育优质的生态产品，我们既要严格生态环境标准，按照节约、清洁、低碳、循环、安全和高效的原则，不断增强物质产品的绿色含量和生态含量，促进物质产品的生产和消费向绿色化和生态化的方向

生态茶园迎来忙碌采茶期（图源：视觉中国）

发展；也要在加大生态产品的生产和供给的基础上，通过绿色科技创新不断提升生态产品的经济附加值和经济效益，在向人民群众提供绿色产品的同时丰富人民群众的物质生活，实现生态价值、经济价值、社会价值的有机融合。最终，我们要坚持走生产发展、生活富裕、生态良好的文明发展道路。

二

如何做到让老百姓穿得好、穿得放心？

民生金句

着力解决"两不愁三保障"突出问题。

"两不愁三保障"是脱贫攻坚的底线性任务,承载着民生期待,同时是一块"试金石",检验着脱贫攻坚的质量和成色。吃穿作为人民生存最根本的物质要素,必不可缺,愁吃愁穿脱贫就无从谈起,解决了吃穿问题,才有能力谈更多的生活福利与保障。"不愁穿"是指根据居住地环境,农户有能力自主购买或通过亲属购买衣服,做到四季有换季衣服、日常有换洗衣服。穿衣主要靠社会捐赠、接济的,不属于穿衣有保障。《国家脱贫攻坚普查公报》二号文件中指出:"建档立卡户全面实现不愁穿。国家贫困县和非国家贫困县的建档立卡户一年四季都有应季的换洗衣物和御寒被褥。"习近平总书记在解决"两不愁三保障"突出问题座谈会上的讲话中指出:"总的看,'两不愁'基本解决了。"老百姓"不愁穿"的问题开始转变为"如何穿得好、穿得放心"。

(一)农村居民收入水平的提高保障老百姓"穿得好"

党的十八大以来,我国居民收入持续增长,2012—2022年,全国城乡居民人均可支配收入从16510元提高到36883元,人民生活全方位改善。截至2023年底,全国居民人均可支配收入39218元,比上年名义增长6.3%,扣除价格因素实际增长6.1%。从地域来看,城镇居民人均可支配收入51821元,比上年增长

5.1%；农村居民人均可支配收入21691元，比上年增长7.7%。从消费能力看，我国农村居民人均可支配收入增速连续多年高于城镇居民。农村居民收入持续增长有力支撑了农村消费的快速增长，农村居民人均消费支出增速自2008年起持续高于城镇居民。

随着农村地区居民收入的大幅提高，农民的思想观念和消费习惯正在发生巨大变化。农村消费者之前在购买商品时往往以价格作为首要考量因素，如果高质量商品价格过高，那么农村消费者在购买时可能会望而却步。随着农民经济收入的增长、生活水平的提升，这种消费观念正在发生根本性转变。在过去相当长一个时期，农村市场上时常出现部分以价"取胜"的服装，这些服装做工粗糙、颜色不正，容易褪色、变形、起球、掉毛，穿着舒适度有待提高。随着农村居民收入的增长，老百姓在"穿"的方面逐渐有了更多、更好的选择。数据显示，从新中国成立至今，中国城镇居民人均衣着消费增长了53.6倍，农村居民人均衣着消费增长了82倍。当前，农村地区的消费者更加注重服装的品质和舒适度，而非仅仅追求低廉的价格，他们愿意为质量更好、设计更时尚的服装支付更高的价格。同时，农村地区的消费者在购买服装时也开始注重购物体验，更加倾向于选择购物环境舒适、服务周到的商家，不仅希望买得实惠，更希望买得舒心。

以满足农村消费者实际需求为出发点和落脚点，党和政府支持实施县域商业建设行动，将县域商业体系建设作为乡村振兴规划的重要内容。2021年，商务部等17部门印发《关于加强县域商业体系建设　促进农村消费的意见》（以下简称《意见》），旨在推动县域商业高质量发展，实现农民增收与消费提质良性循环。同时，《意见》指出要规范农村市场秩序，加强市场质量安全监管。市场监管部门不定期抽查服装产品质量，2022年国家市场监督管理总局发布网售休闲服装产品监督抽查结果。经过对15个省（区、市）的291家企业304批次产品抽查检测，发现246批次产品合格，占比超八成。消费者在购买服装时要更清楚地了解产品的质量和安全状况，从而作出更明智的消费决策。

（二）电子商务的发展保障老百姓"穿得方便"

电子商务作为数字经济中规模最大、表现最活跃、发展势头最好的新业态新动能，是新发展格局蓝图中非常重要的一环，必将在畅通国内大循环、促进国内国际双循环中发挥重要作用。"十三五"时期，我国电子商务取得了显著成就：电子商务交易额从2015年的21.8万亿元增至2020年的37.2万亿元；全国网上零售额2020年达到11.8万亿元，我国已连续8年成为全球规模最大的网络零售市场；2020年实物商品网上零售额占社会消费品零售总额的比重接近四分之一，电子商务已经成为居民消费的主渠道之一；电子商务从业人员规模超过6000万，电商新业态、新模式创造了大量新职业、新岗位，成为重要的"社会稳定器"。这些数据充分说明，电子商务已经全面融入我国生产生活各领域，成为提升人民生活品质和推动经济社会发展的重要力量。电子商务打破了地域限制，使得消费者能够接触来自世界各地的服饰品牌和款式。这种多样化的选择满足了不同消费者的个性化需求，他们可以根据自己的喜好和风格选择适合自己的服饰。农村电商作为信息技术与农村经济深度融合的产物，正成为推进乡村振兴的新引擎。

近年来，商务部会同有关部门大力发展农村电商，基本建立起县乡村三级电子商务服务体系和物流配送体系，在助力脱贫攻坚和全面推进乡村振兴中发挥了积极作用，消费者也得以更方便快捷地购买自己需要的商品。随着农村电商的不断发展，商品品类逐渐从最初的农副产品销售扩展到服装、家电、汽车等各个领域。通过电商平台，老百姓不仅可以将自己的农副产品销售到全国各地，还可以购买所需的各类商品。作为一种新型的商业模式，服装网络营销具有购物便利、价格实惠等优点，深受消费者的喜爱。

对于消费者而言，传统商业模式下购买服装，需要逛很多服装店，通过一件一件地试穿寻找自己满意的服装。在网络购物环境下，消费者只要在专业销售服装的网站中输入自己所要购买服装的相关信息，很快就能搜索到网站上符合要求的服装，大大节约了消费者的时间成本和体力成本，能够以最小的投入选择最合适的衣服。同时，虚拟的网络市场

电商直播助力民族服装拓宽销售渠道（图源：视觉中国）

运行减少了经销环节，省去了销售过程中的大量费用，商品售价往往低于线下价格，商家和消费者都可以从中得到实惠。杭州四季青服装市场创新了档口直播的模式，因其服装款式多样、价格实惠，购买方便，深受老百姓喜爱。2020年，杭州四季青服装市场被浙江省杭州市商务局授予杭州直播电商重点培育园区。

（三）完备的服装产业体系保障老百姓"穿出品质"

2018年，中国全社会完成服装总产量约456亿件，这个数字体现的是中国完善的服装产业链条。中国每年约生产600万吨棉花，是世界最大的棉花生产国。国家发展改革委关于"十四五"时期深化价格机制改革行动方案的通知中提道：要加强重要民生商品价格调控，坚持并完善价格支持政策，完善棉花目标价格政

2021年6月，第十五届中国国际产业用纺织品及非织造布展览会上的纺织原料棉花（图源：视觉中国）

策，健全风险分担机制，合理调整棉花目标价格水平，继续探索可持续的新型支持政策，充分保障纺织品原材料价格的稳定。2020—2022年，中国纺织服装出口总额连续三年保持在3000亿美元以上，对世界纺织品服装出口总额的增长贡献率超过50%。纺织产业规模优势、体系优势不断强化，在稳定经济发展等方面发挥重要作用。我国已经成为全球最大的纺织品生产国、消费国和出口国，不仅有效满足了我国占全世界五分之一人口、占全世界近三分之一的纤维消费需求，而且对全世界人民"足够穿"作出了突出贡献。

绿色健康发展是纺织产业可持续发展的必然选择，加快践行绿色发展理念，加大绿色节能减排技术推广应用，形成绿色低碳生产方式，提供更多绿色消费产品，是我国纺织产业提高产业核心竞争力的重要举措。当前，我国不断推进先进纺织制品开发，强化全产业链精细加工技术研发，以高端产品开拓市场。融合新材料、新技术，开发具有高舒适度、易护理、抑菌保健等多功能的高端纺织制成品。坚持以人为本，持续转型升级，走高端化、智能化、绿色化发展之路，不断满足消费者对绿色低碳产品的需要。浙江绍兴中国轻纺城是全球规模最大的纺织品集散中心之一，这里拥有26个专业市场，每年全球1/4的面料都在这里成交，全国近一半的纺织企业与这里建立了产销关系，这里的交易情况被视为轻纺行业的晴雨表。

三

如何保证食品安全?

民生金句

　　严防严管严控食品安全风险，保证广大人民群众吃得放心安心。

　　洪范八政，食为政首。党的十八大以来，在以习近平同志为核心的党中央坚强领导下，我国对食品安全的重视程度之高、法治建设之快、政策措施之严、改革力度之大前所未有，食品安全工作不断取得新进展、开创新局面。习近平总书记在党的二十大报告中强调"人民健康是民族昌盛和国家强盛的重要标志"，同时，将食品安全工作列入"推进国家安全体系和能力现代化，坚决维护国家安全和社会稳定"板块中进行专门部署。

　　随着生活水平的提高，人民群众对食品安全的期待和需求不会只停留在守住食品质量安全的"底线"，而是不断追求更营养、更健康、更美味、更快捷的"高线"。要主动践行大食物观，助力"吃得安全"向"吃得健康"转变。大力推进国民营养计划和健康中国合理膳食行动。围绕落实党的二十大报告提出的实现高质量发展的决策部署，提升食品质量安全水平，推动食品产业高质量发展。

（一）食品安全是国家公共安全的重要组成部分

　　食品安全事关民生。习近平总书记多次对食品安全作出重点部署。在党的十八届三中全会上，党中央围绕"健全公共安全体系"提出了食品安全体制机制改革任务。我们要始终从国家长治久安、社会稳定的高度认识把握食品安全工作。食品安全至关重要，因为食品不安全不仅会危及人民群众身体健康，还会引发公众的心理恐慌与社会秩序混乱，阻碍食品产业发展，降低政府公信力，损害国家形象，影响国际关系等，严重的甚至可能会导致社会失稳。要保持对食品安全问题和舆情信息的高度敏感，提升监测预警和应急处置能力，把握好工作"时度效"。要切实把保障食品安全的政治责任担在肩上、系在心上、落实到行动上，让人民吃得放心、安心。

2013年12月23日，习近平总书记在中央农村工作会议上明确指出："食品安全社会关注度高，舆论燃点低，一旦出现问题，很容易引起公众恐慌，甚至酿成群体性事件。"近年来，我国持

专业检测人员利用食品安全快检设备对蔬菜等农产品进行农药残留检测，保证"菜篮子"安全（图源：视觉中国）

续依法打击食品安全违法行为，保障人民的食品安全。坚持安全是发展的前提，发展是安全的保障这一原则，在推动食品产业快速发展的同时，牢牢守住安全发展这条底线，实现高质量发展和高水平安全的良性互动，把食品产业发展建立在更加安全、更为可靠的基础之上。

（二）食品安全是践行"大食物观"的应有之义

党的十八大以来，以习近平同志为核心的党中央把解决好十几亿人的吃饭问题作为治国理政的头等大事，提出了新粮食安全观，确立了国家粮食安全战略，走出了一条中国特色粮食安全之路。习近平总书记在党的二十大报告中强调："树立大食物观，发展设施农业，构建多元化食物供给体系。"这是以习近平同志为核心的党中央基于保障国家粮食安全、顺应人民对美好生活向往，结合世情国情粮情新变化、把握未来食物发展新趋势作出的重大战略部署。习近平总书记指出："'吃饭'不仅仅是消费粮食，肉蛋奶、果菜鱼、菌菇笋等样样都是美食。"要构建多元化食物供给体系，在保护好生态环境前提下，从耕地资源向整个国土资源拓展，从传统农作物和畜禽资源向更丰富的生物资源拓展，向森林、草原、江河湖海要食物，向植物动物微生物要热量、要蛋白，多途径开发食物来源。

"大食物观"的重要论述为食品安全工作指明了方向，同时，食品安全工作的开展也是践行"大食物观"的应有之义。一是明确了从耕地资源向更广袤的国土资源拓展、从传统资源向更丰富的生物资源拓展、从单一的供给侧向更多元的需求侧拓展；二是推动我国抢占全球"未来食品"技术制高点，颠覆传统种植与养殖业的生产新模式，引领未来食品产业发展；三是推动食品产业营养化转型，不仅吃得安全，也要吃得好。在保障食品安全的前提下，充分发挥政策标准在开发食物资源、食品产业营养化转型、防止食物浪费和绿色可持续发展中的引导作用，处理好环境污染带来的食品安全问题与继发粮食安全问题的关系，以"大食物观"为指引，最大限度推动食品安全与食物开源节流共同发展。

（三）保证食品安全应落实"四个最严"、压实"两个责任"

2015年5月，习近平总书记在主持中共中央政治局第二十三次集体学习时强调："要切实加强食品药品安全监管，用最严谨的标准、最严格的监管、最严厉的处罚、最严肃的问责，加快建立科学完善的食品药品安全治理体系，坚持产管并重，严把从农田到餐桌、从实验室到医院的每一道防线。"党的十八大以来，习近平总书记站在对历史和人民负责的高度，全面加强党对食品安全工作的领导，强调牢固树立以人民为中心的发展思想，坚持党政同责、标本兼治，加强统筹协调，加快完善统一权威的监管体制和制度，落实"四个最严"的要求，切实保障人民群众"舌尖上的安全"。

党的二十大报告明确要求，提高公共安全治理水平，强化食品药品安全监管。深入推进食品安全"两个责任"落实落细，是当前及今后一个时期强化食品安全治理的重要抓手。按照国务院食品安全委员会部署，各级食品安全委员会办公室要进一步压紧压实食品安全属地管理责任和企业主体责任"两个责任"，严防严管严控食品安全风险，对食品安全风险防控能力再增强、对食品安全责任体系再完善。

2024年是推动实现食品安全"两个责任"全覆盖的关键之年。做好食品安全"两个责任"工作，要以"四个最严"为统领，以落实食品安全"两个责任"为主线，持续压紧压实各方责任，加强食品安全监管，切实保障人民群众"舌尖上的安全"。截至目前，我国已发布食品安全国家标准1419项，包含2万余项指标，涵盖了从农田到餐桌，从生产加工到产品全链条、各环节主要的健康危害因素，保障全人群饮食安全。标准体系框架既契合中国居民膳食结构，又符合国际通行做法。食品安全无小事，打造最严谨的食品安全标准体系，"吃得放心"问题才

《粤港澳大湾区蔬菜生产基地良好农业规范》6项团体标准

能有章可依。

中国已经建立国家、省、市、县四级食品污染和有害因素监测、食源性疾病监测两大监测网络以及国家食品安全风险评估体系。食品污染和有害因素监测已覆盖99%的县区，食源性疾病监测已覆盖7万余家各级医疗机构。食品污染物和有害因素监测食品类别涵盖居民日常消费的粮油、蔬果、蛋奶、肉禽、水产等全部32类食品。这些措施能够比较灵敏地识别和预警发现重要的食品安全隐患，不仅为标准制定提供了科学依据，同时为行业规范有序发展和守护公众健康提供有力支撑。

（四）保证食品安全应"产""管""治"同时抓

党的十八大以来，我国依法履行食品安全标准、风险监测评估等工作职责，落实最严谨的标准要求，树立"大食物观"，食品安全和营养健康各项工作取得积极进展。同时，我们也要清醒认识到，食品安全工作仍面临不少问题和困难，与新时代人民群众对美好生活的需要还存在一定差距。浙江省台州市椒江区市场监督管理局组织餐饮食品安全志愿者"上岗"，每位志愿者把自己负责的检查项目与"椒江区商圈食品安全管理检查评分表"一一核对，对商圈内餐饮经营单位现场打分、拍照取证。评分完毕后，把排名结果公示在每家餐饮店门口，对违法违规问题及时上报。台州市椒江区通过政府引导、商场自治共管、社会公众共同参与的商圈自治方式，倒逼餐饮行业整体规范提升，守护人民群众"舌尖上的安全"，体现了社会共治理念。做好食品安全工作必须把握好有效市场、有为政府、有序社会之间的辩证关系，在"产""管""治"上下功夫，统筹推进产业发展、政府监管、社会共治，实现高质量发展、高效能监管和高水平治理的有机统一。

在"产"的方面，推动产业高质量发展。食品产业作为"为耕者谋利、为食者造福"的传统民生产业，事关人民群众生命健康。企业是食品安全治理的主体，是保障食品安全的内因与根本。最重要的是强化企业的主体责任，2022年国家市场监督管理总局发布了《企业落实食品安全主体责任监督管理规定》（以下简称《规定》），旨在落实食品安全法及其实施条例相关规定，督促企业落实食品安全主体责任，强化企业主要负责人食品安全责任，规范食品安全管理人员行为。《规定》的出台对于推动企业配齐配强食品安全管理人员，完善食品安全主体责任体系具有重要意义。有利于抓住企业关键少数，推动履职尽责，压实企业主体责任；有利于监管触角深度延展，确保出了问题后找得到人、查得清事、落得了责；有利于及时防范化解风险隐患，守住食品安全底线。

在"管"的方面，完善高水平监管体系。随着社会的发展、科技的进步，潜在的食品安全新风险、新问题悄然出现，食品安全仍存在隐患，食品安全监管仍面临诸多挑战。首先，构建科学的食品安全监管指标体系。立足新时期中国食品产业发展和食品生产、流通、销售、餐饮等环节食品安全的风险特点，构建有针对性的食品安全综合评价指标体系。其次，完善食品安全监管法制体系。构建以《中华人民共和国食品安全法》和《中华人民共和国农产品质量安全法》为核心并与之相配套、相衔接的较为完备的法律体系。最后，创新食品安全监管方式。利用科学技术，实施智慧监管、信用监管，建立基于大数据分析的食品安全信息平台，推进大数据、云计算、物联网、人工智能、区块链等科学技术在食品安全监管领域的应用，督促落实企业主体责任，及时发现和消除食品安全隐患，提升监管工作信息化水平。

在"治"的方面，大力培育食品安全文化。食品安全文化是企业在长期生产经营中自然形成的与食品安全相关的意识规范、价值取向、思维方式、道德水平、行为准则等的总和。食品安全文化建设对引导企业持续关注质量安全，推动高质量管理方法在企业的成功应用，提升员工的职业素养，增强企业核心竞争力等起着十分重要的作用。要涵养诚实守信的企业文化，加快推进食品行业诚信体系建设，建立全国统一的食品生产经营企业信用档案。食品安全事关人人，食品安全人人有责。要充分发挥群众监督、舆论监督的重要作用，注重引导广大消费者积极参与食品安全治理，营造人人关心、人人参与、人人受益的食品安全良好氛围。

四

如何实现住有所居？

坚持房子是用来住的、不是用来炒的定位，加快建立多主体供给、多渠道保障、租购并举的住房制度，让全体人民住有所居。

习近平总书记在党的十九大报告中指出:"坚持房子是用来住的、不是用来炒的定位,加快建立多主体供给、多渠道保障、租购并举的住房制度,让全体人民住有所居。"衣食住行,"住"是民生之要,安稳温馨的家园是美好生活的基础。有了"安居",人民群众也就有了"乐业"的底气和信心,有了可触可及的获得感、幸福感、安全感。新时代以来,我国住房和城乡建设事业取得历史性成就,累计建设各类保障性住房和棚改安置住房6000多万套,城、镇、乡人均住房建筑面积有所提升,低保、低收入住房困难家庭基本实现应保尽保,开工改造老旧小区超16万个、农村危房2400多万户,城乡居民住房条件显著改善。

如今,以习近平同志为核心的党中央带领全国各族人民踏上了社会主义现代化建设新征程。棚改回迁、生态搬迁、危旧改造、毕业租房等住房问题始终受到社会各界的高度关注。如何深入理解并切身体会住有所居的政策利好、如何在高质量发展的背景下真正衔接好安居和乐业,是广大人民群众所期盼解答的民生之问。

(一)住房问题既是民生问题也是发展问题

正视问题、认清矛盾,是坚持问题导向的应有之义。习近平总书记曾从两个维度定性住房问题,即"住房问题既是民生问题也是发展问题"①，为我们理解"如何实现住有所居"这一重大问题的主要矛盾提供了基本依据。

首先，住房问题是重要的民生问题。长期以来，住房问题一直是我国民生领域的热门话题。从住房的基本属性来看，住房是人民群众最基本的生存资料，解决住房需求是实现人的自由全面发展的题中之义，使人民群众增强获得感、幸福感和安全感，是实现共同富裕的基本保障。从中国共产党的宗旨来看，为人民群众提供稳定有序的住房供应、使人民安居乐业，是党为人民服务、回应人民群众共同期盼的直接表现，也是促进社会公平正义、实现共同富裕的必然要求。

其次，解决住房问题关系到我国经济的持续健康发展。住房制度是国家对住房市场进行调节和干预的有效手段。持续推行住房领域改革，引导住房市场持续健康发展，不仅符合人民群众的热切期盼，也能够推动住房事业的高质量发展。立足于新的国情、新的形势、新的需要，以创新、协调、绿色、开放、共享的新发展理念为指引，解决好住房领域的突出问题，加快研究更加符合中国现实情况、更加符合社会主义市场经济要求、更加服务于民生事业改善、体现社会主义国家性质的住房政策，必然会服从并服务于推进拓展中国式现代化。

---

① 《加快推进住房保障和供应体系建设　不断实现全体人民住有所居的目标》，《人民日报》2013年10月31日。

（二）坚持"房住不炒"，实现住有所居

党的二十大报告简洁凝练地论述了新时代新征程我国住房政策的方向，即"坚持房子是用来住的、不是用来炒的定位，加快建立多主体供给、多渠道保障、租购并举的住房制度"，与十九大报告的决策部署基本一致，主要传达了坚持"房住不炒"，实现住有所居的基本目标。

"房住不炒"旨在强调住房的本质属性是用于满足人民群众居住需要的生活必需品，而不能舍本逐末，在资产投资方面过于畸化侧重。习近平总书记曾多次就房地产市场调控作出重要论述，强调"解决好房地产问题，要坚持'房子是用来住的、不是用来炒的'这个定位。出发点要站准，落脚点要站好，不要搞偏了"[①]。因此，住房政策顶层设计必须强调住房的使用功能，有效管控住房的投资功能，扼制住房投机行为，促进住房居住属性的本质回归。坚持"房住不炒"，有利于抑制房地产市场的恶性发展和住房市场价格上涨，有效拓展土地空间等相关资源供给，增加保障性住房供应，推动全体人民住有所居目标的实现。

---

① 《习近平谈治国理政》第二卷，外文出版社2017年版，第367—368页。

住有所居的核心在于切实满足全体人民的住房需求，特别是新市民群体，即城市中的外来务工群体、新就业群体等人群的住房需求。新市民群体规模庞大，是城镇租房人群的主要构成。目前，新市民群体租房需求居高不下，租赁市场价格不稳定、"租购不同权"等问题和不合理现象依然存在于市场中。近年来，党中央高度关注人民群众的多元化住房需求，加强城镇老旧小区改造和保障性住房供给，惠及上千万家庭；因城施策优化房地产调控，推动降低房贷成本，积极推进保交楼工作；加快实行"租购并举"等制度保障措施，推进住房保障和多元化住房供应体系建设，提出市场配置与政府保障相结合，应对住房领域出现的新问题、新挑战，引领我国住房政策沿着正确的方向发展。

城市中的住宅楼

（三）新时代实现住有所居的出发点和落脚点

实现住有所居是我国当前住房政策的主要目标，主要有三个方面的确切内涵：第一在于人人有房住，确保每个居民住房权利的实现；第二在于住房数量适当，不存在过度密集、拥挤问题，符合安全健康标准，社区和公共配套服务齐全；第三在于经济可负担性，住房支出占居民可支配收入的比重合理，不过度占用其他基本生活消费。此外，住有所居的内涵也在住房机会公平、住房政策包容性、住房服务零歧视等层面有所拓展，以期真正有效地帮助全体人民实现住有所居。新时代新征程，应以住有所居为出发点和落脚点，理解党和国家在住房问题上的政策部署与相关实践。

以满足人民群众的居住愿望为出发点。"更舒适的居住条件"是新时代人民对美好生活在"住"的向度上的具体期待。"以人民为中心"是习近平新时代中国特色社会主义思想的精髓所在，也是我国住房政策的根本价值取向。社会主义住房生产的根本目的与人民群众根本利益具有一致性，我国的住房政策就是要坚持发展为了人民、发展依靠人民、发展成果由人民共享，着眼于广大人民群众对住房的基本需求，不断回应老百姓的合法住房诉求，不断提高全体人民的住房品质，使全体人民朝着共同富裕方向稳步迈进。以河北省雄安新区建设为例，近年来，伴随着雄安新区当地的深入建设，回迁群众的住房安置工作也在有序进行。能否在新区住得稳、过得安，不仅是人民群众最直接的心事与关切，关系到人民群众对雄安新区建设工作的业绩评判，同时关系到雄安新区的建设质量和治理现代化水平是否达标。只有基于当地居

航拍视角下的雄安新区容东安置区。容东安置区建设是雄安新区第一批搬迁群众回迁的安置房项目，肩负着安置搬迁人口、改善群众生活环境的重要使命（图源：视觉中国）

民的居住愿望作出更有实际效果的政策部署和制度保障，为人民群众提供更舒适的居住条件，方能进一步配合好新区建设工作，助力党和国家将雄安新区打造成宜业宜居的"人民之城"。

以完善住房保障和供应体系为落脚点。为切实实现全体人民住有所居，习近平总书记着眼于加强住房保障和供应体系建设，强调"加快推进住房保障和供应体系建设，是满足群众基本住房需求、实现全体人民住有所居目标的重要任务，是促进社会公平正义、保证人民群众共享改革发展成果的必然要求"[①]，提出要找到住房建设的规律，一方面要总结我国住房改革发展经验，另一

---

① 《习近平谈治国理政》第一卷，外文出版社2018年版，第192页。

方面要建立健全经济、适用、环保、节约资源、安全的住房标准体系，倡导符合国情的住房消费模式；同时指出政府保障的积极作用，即针对部分由于劳动技能不适应、就业不充分、遭遇自然灾害而面临住房困难的群众，政府要发挥"补位"作用，为住房困难群众提供基本保障。2024年《政府工作报告》将规划建设保障性住房与建设好房子作为房地产发展新模式的实施重点，以完善"市场＋保障"的住房供应体系为基本理念，在高质量、新科技、好服务上向房地产企业提出要求，旨在推动住房市场平稳健康发展。党的二十届三中全会明确提出加大保障性住房建设和供给，满足工薪群体刚性住房需求，充分赋予各城市政府房地产市场调控自主权，因城施策，允许有关城市取消或调减住房限购政策等举措，为加快建立租购并举的住房制度，加快构建房地产发展新模式提供了顶层规划保障，为解决住有所居这一基本民生问题提供了基本遵循。

五

如何解决农村出行问题？

民生金句

贫困地区要脱贫致富，改善交通等基础设施条件很重要。

　　交通被喻为国民经济的"大动脉"，是经济发展的脉络和文明沟通的纽带。交通推动经济融通、人文交流，深刻改变了城乡面貌，不仅有力保障了国内国际循环畅通，也为世界经济发展作出了重要贡献。历经新时代以来交通建设，我们建成了全球最大的高速铁路网、高速公路网、世界级港口群，航空海运通达全球，中国高铁、中国路、中国桥、中国港、中国快递成为亮丽的中国名片，规模巨大、内畅外联的综合交通运输体系有力服务支撑了中国作为世界第二大经济体和世界第一大货物贸易国的运转。铁路、公路、水运、民航客货周转量和港口货物吞吐量、邮政快递业务量等主要指标连续多年位居世界前列，"人享其行、物畅其流"初步实现，交通运输成为人民群众获得感最强的领域之一，为打赢脱贫攻坚战和实施乡村振兴战略提供了有力支撑。

　　脱贫致富靠发展，发展先行是交通。2013年，习近平总书记在湖南考察时指出："贫困地区要脱贫致富，改善交通等基础设施条件很重要。"很多贫困地区不缺资源，却因路不通、不畅，老百姓走不出去，日子便越过越穷。有时甚至改一条

大山间的钢梯（图源：昭觉县人民政府网站）

溜索、修一段公路，解决好出行问题，就能给贫困地区群众打开脱贫致富的大门。党的十八大以来，以习近平同志为核心的党中央关注交通基础设施建设服务"三农"、助力脱贫致富的重要作用，多次到基层调研百姓"行路难"问题，听民声、察实情，并作出交通扶贫的重要指示，大力推进了农村地区尤其是贫困地区交通建设的提质增速。当前，农村地区出行问题可大致划分为三种形态，首先是无路可行，即交通基础设施未完全覆盖到边；其次是不够安全，即交通基础设施建设不够完善导致的出行风险；再次是不够迅捷，由于出行时间过长对出行体验有所影响。三种问题不同程度地影响了人民群众的生活质量与生活水平。迈入新征程，必须汲取新时代以来我国在交通建设与脱贫攻坚中的历史经验，在中国式现代化深入推进与交通强国建设的时代背景下寻求"行路难"历史性难题的根本性解决。

（一）实现交通基础设施通村达组、覆盖到边

党的十八大以来，习近平总书记对"四好农村路"建设作出重要指示，强调聚焦突出问题，完善政策机制，既要把农村公路建好，更要管好、护好、运营好，为广大农民致富奔小康、为加快推进农业农村现代化提供更好保障。在实践的不断推动下，"小康路上不让任何一地因交通而掉队"的庄严承诺掷地有声。

　　持续拓展农村地区交通基础设施的覆盖范围和通达深度，是解决农村出行问题的根本所在。陕西省宝鸡市是"明修栈道，暗度陈仓"典故的发源地，由于该市以山地和丘陵地形为主，加之秦岭的最高峰太白山横卧于宝鸡境内，交通基础设施难于修建、难以覆盖成为制约当地经济发展的短板。基于宝鸡市人民群众多样化的出行与生产生活需求，宝鸡市交通运输部门自2018年来持续推动"四好农村路"示范创建工作，有序实施重点镇和重要园区通二级路、一般乡镇通三级路、具备条件的建制村通双车道、集中居住自然村通硬化路，推动农村公路拓展延伸和提档升级。宝鸡市还鼓励各县区通过延长公交线路、增加班线客运停靠点等方式畅通微循环，提升农村公共交通服务水平。如今，一条条"四好农村路"通村达组，不仅为农村群众改善了出行条件，也成为贫困地区人民群众摆脱贫困、实现小康、走向富裕的重要载体。

　　建设可靠和可负担的交通基础设施，在减贫脱贫中起到了基础性、先导性作用。得益于道路的畅通无阻和快递行业的入驻，陕西省宝鸡市眉县生产的猕猴桃不再出现"山里货难出"的情况，村民通过网络电商平台便可销售自家生产的猕猴桃等农产品，有效提高了当地群众的收入。河北省邯郸市涉县太行红河谷漫游道赤水湾段，公路建造不仅为涉县当地群众提供了出行便利，也丰富了旅游业发展资源，使涉县红河谷成为河北省代表性

打通山区"血脉",盘山公路助力乡村振兴(图源:视觉中国)

旅游地区。在交通扶贫的具体举措上,我国推动"交通+特色农业+电商""交通+文化+旅游""交通+就业+公益岗位"等扶贫模式发展,加强充电桩、冷链物流、寄递配送等基础设施建设,不断增强贫困地区的"造血"功能,有效盘活了贫困地区的资源,助力了一批特色产业乘势而起,提升了贫困地区教育水平和医疗保障水平,城市文明、基本公共服务随着交通的改善逐步向贫困地区纵深覆盖。

(二)破解农村交通安全短板难题

道路交通安全事关人民群众的生命财产安全,也事关社会稳定发展大局。我国农村交通安全问题具有严峻性、复杂性和长期性的特点。伴随农村道路交通建设的快速发展，农村机动车保有量逐年增长，容易因车辆增多造成道路拥堵进而产生潜在的交通安全隐患；部分地区交通基础设施建设管理存在短板，交通技术监控设备应用水平有待提高；村民交通安全意识薄弱，交通违法现象在农村地区时有发生。为进一步破解农村地区出行难题，必须聚焦影响农村交通安全的多重因素，妥善应对新形势下农村交通发展的新情况和新变化。

首先，优化交通安全服务设施。农村道路的配套性服务建设是人民群众在农村安全出行的必要保障。2022年10月，浙江省湖州市首条农村公路智慧斑马线在南浔区正式上线。在为期半年的试运行期间，智慧斑马线路段交通事故同期下降60%，伤人事故下降75%，切实保障了农村群众通行安全。同时，随着农村群众出行需求的进一步增加，部分地区用正规客运车辆取代存在安全隐患的非法营运载人三轮摩托车、农用运输车等，为村民往返乡镇城区提供了便利，有效消除了村民出行的潜在交通隐患。

其次，加强隐患治理与道路精细化管理。做好乡镇道路日常疏导工作，保证消防通道、生命"绿色通道"等应急车道随时待用，为紧急状况发生预留反应时间与空间。各地公安交管部门也应结合当地农村的道路使用现况，特别是极易发生的事故类型、事故特点，深入排查影响村民出行安全的隐患，对隐患车辆、隐患路段、隐患时段做好精准布控和风险研判，采取有针对性的应对措施。

再次，增强村民守法出行的安全意识。人民群众自觉遵守交规、文明出行，是规避交通安全风险的有效手段。针对部分农村群众交通安全意识较为薄弱，乡镇道路中骑车不戴头盔、逆行、超速、飙车"炸街"等交通陋习情况，必须常态化开展交通安全宣传教育活动，创新宣传形式，结合具有警示意义的事故实例，普及好与村民日常出行息息相关的交通规则，将交通安全知识有效送至各年龄段人群，切实帮助群众提高防患于未然的出行安全意识，增强安全出行理念，营造好安全文明出行的良好氛围。

（三）切实提高农村群众的出行效率

在农村道路基础性覆盖的前提下，由于交通工具或出行载体的限制，部分农村群众依然面临出行不便的难题。由于农村常住人口的减少，以及网约车、电动车等多元交通出行方式的出现，农村客运班车载客率整体下降，发车班次削减、出行路线合并，使得先前依赖客运班车出行的人群，尤其是面临数字鸿沟的老年人群体，在有出行需求时不得不花费更长时间等待客运班车，或是考虑其他费时费力的出行选择。在高质量发展与全面推进乡村振兴的时代背景下，保证农村群众出行更加快捷、更加便利是畅通城乡要素流动的重要因素。必须聚焦多重因素叠加导致的人民群众出行周期较长问题,解决好出行"慢"所导致的出行问题。

深入调研农村群众出行需求,提升交通运输服务品质。地区交管部门深入人民群众,争取做到挨家挨户走访调研影响出行效率的具体关键因素,制定符合当地人民群众利益"最大公约数"的交通基础设施布局;知悉学生、老年人等特定群体的日常出行需要,并根据其出行规律提供相适配的保障性服务,如为农村学生群体提供班车接送服务,通过电话预约、网络平台一键叫车等途径为老年人提供便捷叫车服务等,有的放矢为农村人民群众做实事、解难题,提高农村群众出行的舒适度、满意度。

优化农村交通格局,提高农村出行服务的便利性和供给针对性。2021年,交通运输部会同公安部、财政部等九部门印发《关于推动农村客运高质量发展的指导意见》,明确提出要提升农村客运服务的便利性,打造"客运班线+区域经营+预约响应"等灵活多样的农村客运组织模式;同时指出农村出行服务系统的构建要求,即要基于农村群众群体性、潮汐式出行需求,加密既有客运班线服务频次、开行定制客运线路、提供包车服务等方式,构建日常出行有效覆盖、重点时段专项保障的农村客运出行服务系统。2024年6月,交通运输部印发的《农村道路客运运营服务指南（试行）》指出，鼓励在城镇化水平较高、农村群众出行需求较大的地方，有序推动城市公交线路向乡村延伸或实行班车客运公交化运营等措施，在提高农村道路客运服务的供给针对性上作出了进一步要求。

六

如何解决农村取暖问题?

民生金句

推进北方地区冬季清洁取暖等6个问题,都是大事,关系广大人民群众生活,是重大的民生工程、民心工程。

让家家户户温暖过冬，始终是习近平总书记念兹在兹的一件大事。长期以来，农村地区冬季取暖主要依靠散煤、草木等，极易造成季节性安全事故和环境污染等问题。为建设美丽乡村和实现乡村振兴，农村清洁取暖改造成为推进"十四五"能源规划、完成双碳目标的重要一环。习近平总书记指出："要坚持因地制宜、多措并举，宜电则电、宜气则气，坚定不移推进北方地区冬季清洁取暖，加快天然气产供储销体系建设，优化天然气来源布局，加强管网互联互通，保障气源供应。"①这体现了我们党将经济的发展、民生的改善和生态的保护进行综合考量的系统观念与战略思维。

但近年来，在部分农村地区清洁取暖探索中仍然存在农村居民传统取暖观念转变困难、清洁取暖产品供给单一、清洁取暖成本高负担重、清洁取暖设施"装而不用"等问题，成为制约当前打造宜居生活环境和加强生态环境治理的痛点。推动农村取暖转型升级、打造农村取暖工作新格局，有利于保障广大农民温暖过冬，减少污染天气，是能源生产和消费变革、农村宜居水平提升的重要内容。

---

① 《论坚持人与自然和谐共生》，中央文献出版社2022年版，第17页。

（一）努力让农村群众"绿色"温暖过冬

农村取暖工作是一项长期的、系统性的工程，随着经济社会发展，农村地区冬季供暖工作越来越重要。在中国北方农村，老百姓冬季取暖方式多样。暖气虽是主流，但在经济欠发达或偏远地区受限；传统取暖设备如火炕、电热毯和取暖炉仍被广泛使用。为解决农民"用不起""用不净""用不好"问题，北方农村地区清洁取暖相关政策措施不断完善。

2017年，国家发展改革委等十部门联合发布《北方地区冬季清洁取暖规划（2017—2021年）》，对清洁取暖内涵进行明确界定，提出建立农村取暖管理机制、选择适宜推进策略、保障重点地区农村清洁取暖补贴资金、发展可再生能源、光伏建筑一体化开发等措施，加大农村清洁取暖力度，并对2021年京津冀大气污染传输通道的"2+26"个重点城市（含雄安新区）以及其他农村地区清洁取暖率分别设定了60%与40%的目标。2018年，国务院发布《打赢蓝天保卫战三年行动计划》，重点强调农村地区清洁取暖工作突出"从实际出发"和"有效性"，并将煤炭清洁利用从五年规划中的"洁净型煤"变成"洁净煤"。2019年，国家能源局下发征求《关于解决"煤改气""煤改电"等清洁供暖推进过程中有关问题的通知》意见的函，对协调议事机制、"煤改气"推进方法、清洁取暖持续性等进行安排部署。2021年，国家能源局发布《关于因地制宜做好可再生能源供暖相关工作的通知》，要求因地制宜推广各类可再生能源供暖技术，推动试点示范工作和重大项目建设。2022年，《"十四五"可再生能源发展规划》提出要加快构建以可再生能源为基础的乡村清洁能源利用体系，支持建立以地热能、生物质锅炉为主的乡村能源站。同时，构建碳达峰碳中和"1+N"政策体系，进一步促进农村地区供暖从传统燃煤供热方式向清洁能源供热方式转变。

（二）从全面撒网到重点突破

农村地区清洁取暖，一端连接绿色低碳发展和构建人类命运共同体，一端紧系数亿农村居民民生福祉。推进农村地区冬季清洁取暖也是落实"四个革命、一个合作"能源安全战略、打赢蓝天保卫战、实现碳达峰碳中和的重要举措。

2017年以来，全国共有五批88个城市入选中央财政支持北方冬季清洁取暖试点城市，范围从"2+26"城市逐步扩展到汾渭平原、西北和东北非重点地区城市。其中前三批43个支持城市项目已实施完成，进入巩固成果阶段，第四批、第五批的17个城市正在持续推进中。目前，清洁取暖项目改造已覆盖重点地区的大部分城市，2021—2022年第四批、第五批支持城市中共有28个非重点地区城市入围，占总体比例的30%。非重点地区的清洁取暖改造刚

屋顶上覆盖着积雪的光伏太阳能电池板（图源：视觉中国）

刚开始，在技术路径方面充分考虑了地方的资源禀赋、经济水平、生活习惯等，更加注重发展可再生能源。如新疆维吾尔自治区电力资源丰富，重点选择了以"煤改电"为主的取暖改造；甘肃省、宁夏回族自治区太阳能资源丰富，形成了以"太阳能+"为主、"煤改气""煤改电"为辅的改造特色；东北地区生物质资源丰富，形成了以生物质取暖为主的改造特色。其他非重点地区大部分选择了以发展可再生能源为主的多元化技术路径。

随着清洁取暖试点工作取得积极进展，示范效应逐步显现。在支持北方地区城市和农村清洁取暖试点示范建设的过程中，引导带动地方财政、社会资本投资超过3000亿元。2023年，我国北方地区清洁供热面积179亿平方米，农村供热面积71亿平方米，清洁供热率较去年提升至75%，新增13亿平方米。全国涉及清洁供热企业8300家，产业总产值9150亿元。相关地区清洁

能源结构不断优化，大气环境质量得到大幅改善。干净省心的取暖方式让老百姓生活质量得到显著提升，群众获得感不断增强。

（三）系统谋划、统筹推进

"宜"字是推进农村清洁取暖、集中供暖的过程中需要遵守的重要原则。党的十八大以来，全国各地积极探索解决农村清洁取暖、集中供暖问题的新路径，通过确保能源安全、完善补贴支持政策、注重运行维护等举措，更好地实现了宜电则电，宜气则气。

为确保农村居民温暖过冬，切实落实好"煤改气""煤改电"政策，一要确保清洁能源供应通畅。自2019年以来，内蒙古自治区呼和浩特市累计配套电网117公里，安装变压器450台，配套燃气管网300公里，有效保障了"煤改气""煤改电"项目正常运行。未来我国农村地区所使用的能源取暖技术将更加注重环保和可持续性问题，要持续优化农村地区的取暖能源结构，增加可再生能源

内蒙古呼和浩特市玉泉区"煤改电"项目（图源："活力玉泉"微信公众号）

和新能源的使用率，推动更多取暖热力由非化石能源供给。二要
发挥政府补贴兜底保障作用。实施农村清洁供暖、集中供暖，需
要铺设新的设备或对旧有设施改造升级，除去设备成本，还有日
常的维护、运行成本，并不是所有农村居民都愿意承担这部分费
用。为了减轻农村居民的负担、消除他们的顾虑，山东省淄博市
充分发挥政府补贴的兜底效能，2019年出台相关政策，将连续6
年对清洁取暖进行补贴。在用气环节，农村用气价格为每立方米
2.7元，政府补贴1元，农户实际承担1.7元。随着煤炭价格的攀
升，"煤改气"的经济效用越发凸显。[①]清洁取暖、集中供暖真正
成为当地农村居民眼中"划得来"的事儿。三要注重运行维护。
清洁取暖、集中供暖的相关设施铺设、改造完成以后，后期运行
过程中维护和保障由谁来管、怎样管都是群众普遍关心的问题。
山东省青岛市在招投标文书中就对设备的参数、施工的工艺以及
后期运行维护等问题作出了具体、明确的要求，如要求"生物质
环保炉具的质保期不得低于3年，热泵主机的质保期不得低于6
年"等，通过一系列有效举措明确责任主体，确保服务到位。四
要加强清洁取暖新模式的探索。山西省长治市上党区坚持以生态
文明统领城乡建设，以绿色低碳新型城镇化建设为目标，率先在
全省实施民用生物质能供热工程，试点推行农村生物质能集中供

---

① 《村民如何取暖？用煤有无保障？清洁取暖设施是否管用？——北方农村地区
供暖观察》，新华社2021年11月13日。

暖，努力探索农村清洁取暖新模式。目前，全区已建成生物质能供热站6处，用户达到4000户，供暖面积42万平方米，供暖效果良好，得到了上级部门和群众的肯定及认可，为推动生物质能供热发展、减少农村燃煤供热、促进大气污染防治和雾霾治理积累了宝贵经验。

七

如何关爱农村留守儿童、妇女、老年人？

民生金句

完善城乡居民基本养老保险制度和基本医疗保险、大病保险制度，完善最低生活保障制度，完善农村留守儿童、妇女、老年人关爱服务体系。

农村留守儿童、留守妇女、留守老年人这三个群体长期以来备受党中央高度重视以及社会各界高度关注，这些群体的存在以及由此而引发的关爱问题既有其社会历史发展的阶段性原因，也为我们今后如何实现更加均衡的发展、如何实现全体人民的共同富裕提出了具有时代性的课题。未成年人是国家的未来、民族的希望，留守儿童作为未成年人中特殊的群体，更需要关爱和保护。长期以来，随着我国市场经济以及国家现代化建设的推进，农村大量的劳动力尤其是青壮年劳动力涌入城市，加快了城市化、城镇化发展，但与此同时把大量的儿童、妇女和老人留在了农村，他们在教育、医疗、就业发展、自我保障等方面的能力相对较弱。

2019年3月8日，习近平总书记在参加十三届全国人大二次会议河南代表团审议时指出："完善城乡居民基本养老保险制度和基本医疗保险、大病保险制度，完善最低生活保障制度，完善农村留守儿童、妇女、老年人关爱服务体系。"党的十八大以来，以习近平同志为核心的党中央坚持以人民为中心的发展思想，把社会保障体系建设摆在更为突出的位置，各地坚持因地制宜、精准施策，基本民生保障的覆盖面不断扩大，在加强农村留守群体社会保障、社会救助、情感关爱等方面做了大量工作、取得了巨大成就。但同时要看到，当前依然存在服务体系不完善、机制不健全、服务不到位等问题。如何关爱农村留守儿童、妇女、老年人群体，如何满足他们的需求等成为全面推进乡村振兴、全面建设社会主义现代化国家必须破解的发展难题，必须加快建立农村留守人员关爱服务体系，建立制度化、规范化、常态化的关爱服务工作机制，推动关爱服务工作走向深入。

（一）要开展摸底排查，建立农村留守群体的信息数据库

数据的精准摸排工作是做好关爱工作的前提和基础。2022年3月，全国两会"下团组"时，习近平总书记要求，要针对特困人员的特点和需求精准施策，按时足额发放各类救助金，强化临时救助，确保兜住底、兜准底、兜好底。要补齐农村社会福利短板，加强对农村老年人、儿童、"三留守"人员等特殊和困难群体的关心关爱。做好农村留守群体的关爱工作，最基本的一条是找到这些群体所在，掌握群体的具体情况，并建立精准的数据清单，进行精准的关心关爱关怀。当前我们已经全面建成小康社会，农村留守群体的关爱工作已经具备良好的物质基础，进一步实施精准关爱也已经具备了良好的经济基础。要深入调研、剖析农村留守群体的关爱工作存在的突出问题与具体情况，尤其是"一老一小"关爱保护方面的突出短板，研究制定政策措施，推动工作落实。

一要加强信息摸底和数据库建设，重点了解农村留守群体面临的困难问题以及具体生产生活发展需求等，并及时在全国儿童福利信息系统对儿童信息进行更新。比如，通过发放爱心联系卡等方式，建立畅通的信息沟通渠道，确保儿童在遇到困难时第一时间得到关爱服务。二要深入调研、剖析农村社会福利工作存在的突出问题，找到突出的短板所在，抓住关键要素与关键问题，研究制定政策措施，推动工作落实。2023年，福建省民政厅召开年度暑期农村留守儿童数据精准摸排工作视频调度会，传达全国农村留守儿童数据精准摸排工作推进会会议精神，交流工作思路，部署推进摸排工作。在工作部署安排中，仔细地查阅留守儿童、困境儿童、事实无人抚养儿童及儿童福利机构档案资料，以这种书面资料的形式，详细了解实际需要关爱的儿童保障情况以及目前关爱保障的情况，为下一步的关爱部署找到精准有效的关爱办法与路径。

从长远来看，摸排的过程其实完成了一次系统完善的对数据的汇总与核实。汇总与核实之后对需要关爱的儿童进行统计与建档，这对于基于数据分析之后逐一建立问题清单、意见建议台账具有极为有效的指导。

（二）要聚焦问题现象，推动拓展农村留守群体基层治理

关爱农村留守儿童、妇女、老年人是一个系统的过程，既要有条理的计划安排，又要有系统的治理安排。尤其要聚焦摸排后的问题现象，进行针对性治理，把对农村留守群体的关爱置于基层治理的大格局之中。河北省石家庄市实现由服务提供者向资源统筹整合者的角色转变，通过改善社区环境和提升居民意识，充分发掘社区中的社会资源，为困境留守儿童提供良好的关爱保护环境。重点抓好服务阵地建设，石家庄市在5个贫困区县的每个乡镇建立了社会工作服务站，配备一名社工和3名志愿者，协助开展日常走访、信息收集和需求反馈等工作，协同学校老师、村里热心人、志愿服务组织等社会力量，实现了工作有体系、活动有阵地、服务有人员。同时，把精准服务的探索创新与关爱模式的探索结合起来。大力发展互助型养老和儿童关爱服务，鼓励社会力量、志愿服务组织积极参与，形成全社会共同关爱老人、儿童的良好氛围。石家庄市德正社会工作服务中心开展困境留守儿童服务，探索了"一平台+二机制+N课堂"模式，即搭建七彩小屋服务平台，建立经济救助机制和课外托管机制，开设儿童安全教育、人际交往、家庭教育、儿童保护意识提升等课程。河

北省保定市善和社会工作事业发展中心通过在曲阳县燕赵镇实施"135"服务模式，建立一个留守儿童社会工作服务工作站，以"家庭—学校—社区"三方协作为主要工作方法，重点开展人身安全教育与预警、心理慰藉与家庭能力建设、不良行为预防矫正和综合能力提升、文体娱乐服务供给和本土社工机构及人才培育五大模块服务。

推动拓展农村留守群体基层治理，要与党和国家的基层治理工作部署相结合，要与农村生活特点相结合，注重在党的方针政策引领下实现关爱留守群体的大体系大格局。河南省信阳市积极探索把党的领导贯穿关爱"三留守"工作各领域和全过程。信阳是大别山革命老区，外出打工人员多。截至目前，全市留守老人21万、留守儿童8.1万、留守妇女近30万。信阳市把新县箭厂河乡戴畈村作为样本村和观察点，派"第一书记"驻村，破解农村"三留守"问题，推动形成"三留守"工作协调联动机制。分别采用日常照料系统化、精神生活多元化、支持保障规范化

信阳市从解决"三留守"问题入手，逐步探索出以农村居家养老和关爱"三留守"为主要内容的"戴畈模式"（图源："信阳民政"微信公众号）

的方式，高质量推进，逐项分步解决。另外，当地从思想上、价值引领上下功夫，进行深度挖掘，引导人们积极培育和弘扬社会主义核心价值观。在关爱"三留守"人员的实践中，当地结合民政工作，深入研究拓展婚姻文化，重塑殡葬文化，提升救助文化，彰显地名文化，创新福彩文化，让关爱"三留守"工作成为增强人民群众获得感、幸福感、安全感的温暖依靠和坚实基础。

（三）要夯实保障体系，完善农村留守群体关爱服务体系

习近平总书记强调，要格外关心贫困妇女、残疾妇女、留守妇女等困难妇女。2019年，民政部、公安部、司法部等13部门联合印发《关于加强农村留守妇女关爱服务工作的意见》（以下简称《意见》），要求加快建立和完善农村留守妇女关爱服务体系。党的十八届三中全会通过的《中共中央关于全面深化改革若干重大问题的决定》提出，"健全农村留守儿童、妇女、老年人关爱服务体系"。党的十九大报告再次强调加强社会保障体系建设，健全农村留守儿童、妇女、老人关爱服务体系，对完善农村留守群体关爱服务体系进行了体制机制顶层设计上的积极探索。

云南省怒江傈僳族自治州民政系统组织各乡镇（街道）、村（社区）对全州分散供养特困人员进行全面探访（图源：怒江傈僳族自治州人民政府网站）

制度建设不健全不完善将阻碍农村留守群体关爱服务体系的建设。要结合现阶段农村留守群体关爱服务体系的发展短板与问题所在，聚焦关爱服务体系的目标导向、促进城乡协调发展、打造法治环境等具体因素，制定出台系列法律规范和政策文件，形成相互协调、运行高效的制度体系，实现农村留守群体关爱服务体系的效能最大化。2019年云南省怒江傈僳族自治州加大留守老年人社会救助力度，完善农村最低生活保障制度，建立健全农村留守老年人救助保护机制，建立信息台账与定期探访制度。在农村最低生活保障制度建设中，完善城乡医疗救助制度和疾病应急救助制度，全面开展重特大疾病医疗救助工作，将符合条件的贫困留守老人及时纳入医疗救助范围，有效遏制因病致贫、因病返贫。各县（市）建立健全管理规范、标准合理、资金落实的临时救助制度，切实解决农村留守老人突发性、紧迫性、临时性基本生活困难。认真落实高龄补贴制度，为符合条件的留守老人及时发放补贴。在建立信息台账与定期探访制度中规定，乡镇政府要定期组织排查，对农村留守老年人进行摸底，掌握辖区农村留守老年人的家庭结构、经济来源、健康状况、照料情况、存在困难问题等动态信息。以县（市）为单位，乡镇人民政府统筹指导，村（居）民委员会协助实施，建立农村留守老年人定期探访制度，村（居）民委员会要落实专人通过电话问候、上门访问等方式，及时了解或评估农村留守老年人生活情况、家庭赡养责任落实情况，将相关信息及时更新到留守老年人台账，并为留守老年人提供相应援助服务切实防范留守生活安全风险。

八

如何解决用水紧张问题？

民生金句

坚持调水、节水两手都要硬。

　　水资源是事关国计民生的基础性自然资源和战略性经济资源，是经济社会发展的重要支撑和基础保障。我国人多水少，水资源时空分布不均，供需矛盾突出，水资源利用效率与国际先进水平存在差距。新时代以来，以习近平同志为核心的党中央着眼于打赢脱贫攻坚战，高度关注"吃水难"等用水紧张问题，不仅重视"开源"，全力推进水利基础设施建设，实施南水北调工程，保障供水惠民生；同时注重"节流"，从实现中华民族永续发展和加快生态文明建设的战略高度认识到节水的重要性，强调"坚持调水、节水两手都要硬"。当前，农民吃水难问题已得到历史性解决，但是农村与城镇、农业与工业等不同领域仍然存在不同程度的用水紧张问题。切实解决好饮水、用水问题，是人民

南水北调中线工程渠首大坝（图源：视觉中国）

群众开展正常生产生活的基本保障，亦事关生态文明建设以及经济社会的可持续发展和高质量发展。

（一）聚焦农村地区供水饮水问题

吃水难问题曾是困扰亿万农民群众祖祖辈辈的历史性难题，其"难"不仅仅在于生活饮水的基本保障，同时在于农业生活用水、饮水质量安全等事关农民群众民生福祉的重大问题上。2019年，习近平总书记在解决"两不愁三保障"突出问题座谈会上强调："对饮水安全有保障，西北地区重点解决有水喝的问题，西南地区重点解决储水供水和水质达标问题。"新时代以来，我国坚持水利扶贫，坚决打赢农村饮水安全脱贫攻坚战，实施了一系列具有针对性的举措，农村地区供水饮水问题得到有序解决。

健全农村供水工程体系。作为乡村的重要基础设施和公共服务，农村供水事关亿万农民群众的生活质量、生命健康。近年来，我国累计完成农村供水工程投资4667亿元，巩固提升了3.4亿农村人口供水保障水平。各地区各部门不断完善从水源地到水龙头的农村供水工程体系建设，许多贫困地区的农牧民群众生活实现了从水桶到水管的进步。四川省凉山彝族自治州布拖县火烈乡位于巍峨的群山中，吃水难曾是村民日常生活中面对的大问题。为挑一担生活用水，村民要费力走山路，取来的水有时也不干净。开展农村饮水问题专项整治工作后，如今村里有了集中供水站，只需一拧水龙头，村民就能吃上、用上干净的水。

预防介水疾病，保障人民群众饮水安全。让广大农民喝上安全水，是一项实实在在的惠民工程。在新疆干旱地区，在沙漠边缘的群众为求得生存，曾在绿洲各处挖出蓄水坑，当地人称之为"涝坝"，以便在春夏汛期存贮水源，并将河渠水或冰雪融水引入其中。喝涝坝水，不仅存在取水困难，还会面临健康风险。由于涝坝水水质存在高氟低碘的情况，人们喝下后，介水传染病和水致地方病常有发生。国家和当地政府投入巨大财力物力，保障边疆干旱地区、贫困地区人民群众的饮水安全，同时妥善解决了975万农村人口饮水型氟超标和120万农村人口苦咸水改水问题，广大农民告别了饮用高氟水、苦咸水的历史，喝上了卫生水、健康水，"病"在水上、"穷"在水上的情况逐渐消失。

（二）不断推进城镇节水降损

党的十八大以来，党和国家坚持"节水优先"方针，把节水作为解决用水紧张问题的重要举措，实施国家节水行动。2019年4月，《国家节水行动方案》出台，水利部牵头20多个部门建立国家节约用水工作部际协调机制，共同推动国家节水行动的各项目标任务，城镇节水降损是国家节水行动的关键环节之一。2022年，全国城市再生水利用量达到180亿立方米，较10年前提高了4.6倍。截至2023年底，我国已建成145个国家节水型城市，这些城市不断积聚城市节水经验，树立了开源节流的典范。

实施老旧小区供水改造工程。城镇老旧小区由于早期铺设管网的标准较低，跑冒滴漏以及爆管等问题或有发生，难免会造成水资源的浪费。同时，由于水压不足，部分老旧小区高楼层住户也面临用水不便等问题。因此，完善供水管网检漏管理制度、加强地下综合管廊建设和老旧管线改造升级、推进老旧小区水改是解决部分城镇居民用水紧张问题的关键性举措。2018年以来，福建省漳州市以创建国家节水型城市为契机，将老旧小区供水设施改造纳入市委市政府为民办实事重点项目，累计完成179个老旧小区、280余公里老旧管网改造，新建加压设备、水质在线监测及消毒设施等，当地老旧小区居民的用水环境得到根本改善，用水浪费问题也得到了有效解决。

推动城镇居民家庭节水，普及推广节水型用水器具。近年来，高效节水器具的普及和应用大大提高了人民群众生产生活中的水资源利用效率。北京市通州区如今已实现居民家庭节水器具100%覆盖，空气压力花洒、马桶新式水箱、雾化水龙头等各式各样的节水产品提高了家庭用水效率，为实现节水降损目标提供了保障。未来，节水用水管理将逐步趋向智能化普及，以期实时监测不易被管控的小流量漏损，为人民群众提供更加精准、更高质量的用水管理服务。

严控高耗水服务业用水，深入开展公共领域节水。洗车店、游泳馆等是人民群众按需取用的服务场所，也是用水需求较高的地方。强化服务业节水管理是每个城市节水工作中不容小觑的"大部头"。对于水资源超载、严重缺水的城市地区，要积极推广循环用水技术、设备与工艺，发挥水价调节作用，有序压减高耗水产业规模，严格限制新上高耗水项目取水许可，强制安装节水器具设备，不断提高城市节水工作系统性。

（三）推进农业节水增效行动

水利是农业命脉，农业用水在我国用水结构中占比最大，是节水最大潜力所在。一些看似水系环绕、水资源丰富的南方区县，如若未能有效推动农业节水增效变革，也可能面临农业用水

宜黄县在开展农业水价综合改革推进过程中，创新农田水利基础设施运行管护机制，农民用水从粗放向节约集约转变（图源：江西省水利厅）

紧张问题，影响农民群众的生产活动。江西省抚州市宜黄县曾因缺乏有效的用水管理，农民群众浪费水、争抢水资源的情况时有发生。近年来，当地着眼于推进农业节水增效，通过破解南方山区农业水价改革难题，农业用水方式由粗放低效的"靠天"用水逐步向节约集约的高质量管理转变，走出了因无序用水而导致的缺水困境，大大促进了农业节水可持续发展。

大力推进农业节水灌溉。农业灌溉是节水增效的重点领域，加快灌区现代化改造，推广喷灌、微灌、滴灌等节水技术是推进节水灌溉的有效举措。内蒙古自治区鄂尔多斯市达拉特旗近年来引入高效节水灌溉系统，推行引黄灌溉和农业灌溉节水的"井黄"双控双灌智能灌溉，采用全球最先进的小流量滴灌技术，将水肥持续精准运送到农作物根部，有效降低了亩均用水量，提高了水肥利用率，缓解了地下水超采严重的局面，促进了地下水位的稳步回升。

根据水资源条件优化调整作物种植结构。2024年《政府工作报告》提出，支持节水农业、旱作农业发展。陕西、甘肃、宁夏都是典型的干旱半干旱农业大省（区），为兼顾农作物的经济效益与节水效益，近年来当地通过大中型灌区改造提升，将高标准农田建设作为落实农业节水增效的关键抓手，发展高效旱作农业，压减高耗水作物种植面积，扩大低耗水耐旱作物种植面积，加快抗旱、节水、耐密、稳产、高产、宜机收作物新品种研发、选育和推广，以期有效推动农业绿色可持续发展。

推广畜牧渔业节水方式。在传统畜禽饲养过程中，畜禽饮水、栏舍冲洗等均需要大量的水资源支撑；而渔业养殖户对水质要求更为严格，这也意味着更高的用水成本。突破畜牧渔业的发展瓶颈，节水是关键。甘肃省张掖市积极贯彻落实党的二十大精神和全面节水战略，以"节水优先、空间均衡、系统治理、两手发力"为新时代治水方针，通过明确畜牧业用水途径、用水量和主要影响因素，掌握畜牧业耗水的动态变化趋势及增减特征，升级改造现代化自动供水系统等集约化养殖设备，实现了从"治水"到"智水"的转变，推动养殖业转型升级，有力促进了节水节能节效。

（四）实施工业节水减排行动

在我国城市的用水量中，工业用水量大、供水比较集中。部分工业城市，如京津冀地区，其水资源状况长期处于严重超载状态。据统计，京津冀曾以全国2.3%的国土面积、不足1%的水资源，承载全国8%的人口、9.5%的工业增加值、近26%的钢铁产量。在用水需求与缺水现状的双重倒逼下，工业节水的价值与潜力得到了突出彰显。因此，实施工业节水减排行动，是缓解用水紧张问题、建设节水型社会的重要抓手。

　　降低管网漏损。企业埋地管道由于腐蚀、外力撞击、挤压、地质沉降等原因会出现泄漏，由管网漏损导致的水资源浪费是工业企业普遍存在的问题。长期以来，河南省郑州市在城市公共供水管网漏损领域深耕细作，形成了高效联动的管理机制，切实履行了城市供水行业的节水任务建设使命。截至2022年底，郑州市公共供水管网漏损率降到7.30%，达到国内领先水平，为全行业节水体系的构建积累了有益经验。

　　工业用水重复利用。可供重复使用的工业再生水主要包括冷却循环水和回用污水。冷却循环水，其水质可以满足工业冷却需求，大大降低工业用户用水成本，有效保障水资源的持续使用；回用污水经过固体垃圾分拣、有机污染物分解、杀菌消毒等一系列清理流程，亦可重新由混沌污浊变为清澈透明。山东省青岛市通过节水技术创新和项目改造，推进工业用水重复利用，企业的节水潜力得以深入挖掘，降低了单位产品耗水量，青岛全市工业用水重复利用率达到90%，节水效果明显。据水利部统计，2023年全国规模以上工业用水重复利用率达到了93%以上，工业节水的共识正不断凝聚。

九

如何解决用电紧张问题？

民生金句

守住民生用能底线。

在工业与产业体系自动化、智能化、精细度水平不断提高的当今社会，用电问题是我国能源事业的核心问题。电力是工业的粮食，是国民经济的命脉，是当今社会不可或缺的生活资料，关乎新质生产力的探索与发展，也贯穿人民群众生产生活秩序的方方面面。让老百姓用上电、用好电，是重要的民生工程。党的十八大以来，以习近平同志为核心的党中央高度重视我国能源事业与脱贫攻坚的同向发展，不仅放眼国际大局，深刻引领能源发展方向，强调"能源的饭碗必须端在自己手里"，推动能源绿色低碳转型和高质量发展；同时坚持以人民为中心的发展思想，在不同时期、不同阶段始终关心困扰人民群众的用电难问题，提出

2017年8月14日，全球首个熊猫电站在山西省大同市正式投入运营。熊猫电站是将光伏太阳能电池板按照大熊猫的形象来进行设计建设的绿色能源示范项目（图源：视觉中国）

要"守住民生用能底线"。

国务院发布《新时代的中国能源发展》白皮书,深入总结了习近平总书记关于能源发展的一系列重要论述,介绍了新时代中国能源的发展战略和政策理念,其中,"坚持以人民为中心,始终把民生用能放在首位"的战略特征也从侧面彰显出党中央对人民群众用电紧张问题的顶层规划。新时代以来,用电紧张问题主要体现在供电设施与服务不完备、用电高峰时节电力不稳、用电贵等突出问题。解决好人民群众身边的用电紧张问题,对国家繁荣发展、人民生活改善、社会长治久安至关重要。

(一)全面解决无电人口用电问题

中国特色社会主义步入新时代伊始,我国仍然存在无电地区和无电人口。破解无电人口用电问题、让无电地区人民群众共享改革发展成果,是全面建成小康社会的基本要求。国家能源局数据显示,到2012年底,全国还有273万无电人口,主要分布在新疆、西藏、四川、青海等省(区)偏远民族地区,涉及40个地市240多个县1500多个乡镇8000多个行政村。虽然无电人口的数字体量看似不大,但这些人口主要分布在偏远地区,受居住条件、自然条件、经济状况、施工难度等因素的影响,解决无电人口的用电问题仍然棘手。

在问题导向的驱动下，国家能源局制定了《全面解决无电人口用电问题3年行动计划（2013—2015年）》（以下简称《计划》），提出到2015年底全部解决最后273万无电人口用电问题的目标，并明确了技术路线、工作任务、责任区域、责任主体等，吹响了为无电人口通电最后战役的冲锋号。具体而言，《计划》对各省（区）的任务指标作出了明确规划，如提出到2015年全面解决四川省68.1万无电人口用电问题，并指出省（区）人民政府是解决本地区无电问题的责任主体，要负责无电状况调查核实、责任区划分、编制规划和实施方案等。通过持续三年的具体部署与实施，无电地区电网延伸和可再生能源供电工程得到有序建设，共建成110千伏变电站40多座、线路2800多公里，35千伏变电站220多座、线路8000多公里，配变台区1.8万多个、10千伏线路3.6万多公里、低压线路3.9万多公里、户表45万多户，为154.5万无电人口通电；安排光伏独立供电工程建设投资计划41亿元（中央资金28.5亿元），共建成光伏独立电站670多座、光伏户用系统35万多套，为118.5万无电人口通电。2015年，国家能源局宣布全国全面解决无电人口用电问题任务圆满完成，在发展中国家率先实现了"人人有电用"，成为我国电力发展史上的一座里程碑。

（二）加快推进供电基础设施和公共服务能力建设

农村电网是保障农村经济社会发展的重要基础设施，通过完善设施与服务等途径解决电力问题，是打赢脱贫攻坚战和精准扶贫、精准脱贫的重要基础。2016年，国务院专门部署安排启动实施新一轮农村电网改造升级工程，将其作为能源扶贫的重点环节，以期保障居民用电需求，实现从用上电到用好电的提升。五年间，国家能源局按照国务院的部署，重点展开三大专项工程和两大攻坚行动，全国农村地区基本实现稳定可靠的供电服务全覆盖，供电能力和服务水平得到明显提升，为打赢脱贫攻坚战、全面建成小康社会提供了坚实的电力保障。

三大专项工程的建设重点各有侧重。一是小城镇中心村农网改造升级工程，主要锚定优化小城镇中心村农村电网的供电网络，提高供电能力，满足农村消费升级的用电需求。山东省淄博市淄川区洪山镇蒲家村是蒲松龄先生的故乡，村内有大量古建筑、古民居等独特的人文景观，对电网改造的具体实施提出了更高要求。随着社会经济的发展，蒲家村居民用电量逐年增加，该村原有的配电台区难以满足新增负荷的需要。根据农网改造升级工程的具体规划，该村有针对性地实施改造升级方案，合理布局变压器提高户均容量，为村民消除了"低电压"现象；针对原接户线布置混乱等问题，选择地下拖管、暗线敷设的施工方式，最大限度地保护了该村的传统面貌，提升了建设成效。二是农村机井通电工程，主要锚定解决农村机井的通电问题，为农村地区提供稳定可靠的供水和灌溉服务，保障农业生产活动的有序进行，提高村民生活水平。过去，由于机井不通电，使用农用三轮车"烧柴油带水泵"是许多地区面临农田灌溉困难的真实写照。2016年至2019年，河南省平顶山市舞钢市着力实施"井井通电"工程，助力高标准农田建设和节水灌溉，共建设机井1116眼、变压器195台、10千伏线路72.7千米，受益耕地面积15.7万亩，在节约燃油的同时促进了粮食生产的连年丰收。三是贫困村通动力电工程，主要锚定解决贫困村的农村生产用电问题。电压不稳曾是青海省海东市互助县南门峡镇祁家庄村村民们的"心病"。电不够用，导致每家每户只能使用照明灯，大多家用电器都成了摆设，规模化养殖等产业发展也在电力输送上面临阻碍。自从农网改造升级项目实施，村里通了动力电以后，村民们的日常生活有了稳定可靠的电力支撑，切实提高了生产生活效率，老百姓的致富梦不再被"缺电"所困扰。

两大攻坚行动是指"三区三州"和"抵边村寨"农网改造升级攻坚行动，这些深度贫困地区在当地实际情况上虽各有差异，但均需要加强电力基础设施建设、提高电力普遍服务水平。2018年，"三区三州"和"抵边村寨"农网改造升级攻坚三年行动计

电力工人正在进行农网改造施工（图源：视觉中国）

划启动实施。截至2020年底，偏远贫困地区基本实现大网电延
伸覆盖，农网供电"卡脖子"、低电压、供电可靠性差等突出问
题得到有效解决，"三区三州"和"抵边村寨"农网供电可靠率
约达99.8%，综合电压合格率约达97.9%，基本生产生活供电保
障能力显著提升。

（三）着力优化电力营商环境，解决市场主体用电成本问题

　　人民群众是市场主体的参与者。良好的营商环境和可靠的供
电保障，是市场主体、企业商户增产营收的基础，进而也是维持

市场主体活力、发挥人民群众创造美好生活能动性的重要条件。然而，用电成本始终是电力营商环境中的痛点难点。吉林省长春市二道区某商场的个体工商户曾反映，由于电价标准时域差异、电路损耗、维修管理、物业纠纷等多重因素导致的高额电费，增加了商户的经营成本。随着经济社会发展的不断深入，广大企业用电需求向多样化、高品质化发展，对供电服务提出了更高的要求。面对企业群众用电急难愁盼问题，必须切实提高供电服务水平，提高企业等市场主体对电力服务的满意度，彻底打通为市场主体服务的"最后一公里"。

规范价格监管，确保市场主体真正享受到政策红利。电费是横在企业头上的硬支出。近年来，"降电价"是政府惠企工作的一条主线。市场监管部门须加强对转供电环节的收费监管，开展违规收费自查自纠工作，清理规范转供电环节不合理加价，规范转供电主体收费行为，建议供电企业对转供电"一户一表"的改造条件、办理流程与改造费用承担对象等制定细化政策，加快改造工作，从根本上解决市场主体用电贵问题。

深入了解区域内企业实际用电情况，精准对接用电需求。企业的发展与供电部门的支持密不可分，供电公司及部门应主动担当，同企业加强合作，倾听企业对于提供更多优质服务的意见和建议，全方位了解企业的经营情况、用电需求、重点项目、发展规划等急难愁盼问题，并全过程跟踪服务，为具体项目提前作出用电架构与供电方案的研判,指导企业科学确定用电容量,满足中长期用电需求,最大限度为企业降低用电成本。

加强统筹协调,打造供电服务最优模式。供电公司要以提升供电质量为抓手,持续优化营商环境,建立地方政府、用电客户和供电公司三方协同机制,为申请用电企业提供最优质的业扩报装服务,全力满足企业生产和群众生活用电需要。贵州长通电气有限公司所开展的"共享电工"项目便是通过统筹协调进行对接和共享,将供电公司与用电客户进行有效匹配,合理优化配置人才技术资源,按需为企业提供高质量电工管理服务。这种服务模式能够高效缓解企业用电难题,有效降低企业运营成本,提高工作效率,保障企业的用电安全。

十

如何做好供气供暖工作？

各级党委和政府要切实保障节日期间供电供气供暖，抓好"菜篮子"、"米袋子"、"果盘子"，加强食品安全监管。

2023年春节前夕，习近平总书记视频连线看望慰问基层干部群众时指出："各级党委和政府要切实保障节日期间供电供气供暖，抓好'菜篮子'、'米袋子'、'果盘子'，加强食品安全监管，特别是要落实好新阶段疫情防控各项举措，防范各种突发事件和安全事故，确保全国各族人民过一个欢乐喜庆、安定祥和的春节。"①各级党委和政府把保民生放在重要位置，采取各种有效措施切实保障人民群众利益，做好冬季供气供暖工作。

供气供暖工作不仅是经济社会有序运行和健康发展的重要保证，还与人民群众的生活息息相关，关系千千万万人民群众的切身利益。近年来，通过强化能源资源安全保障、加强公共基础设施建设等举措，我们在供气供暖工作方面取得了明显的成效。但是由于部分客观因素，供气供暖工作与经济社会高质量发展的需求以及人民群众的期盼之间还存在着一定的差距。

（一）做好供气供暖工作要做到统筹协调

加强相关能源的供应和保障是做好供气供暖工作的首要条件。习近平总书记高度重视能源的供应、保障、安全等问题，并

---

① 《习近平春节前夕视频连线看望慰问基层干部群众　向全国各族人民致以新春的美好祝福　祝各族人民幸福安康　祝愿伟大祖国繁荣昌盛》，《人民日报》2023年1月19日。

就此多次作出重要部署。随着用气用暖量的增多，只有保证供应充足，才能满足人民群众温暖过冬的需求，才能保证经济社会的平稳运行。2017年，我国北方一些地区曾经一度出现天然气供应紧张的问题。由于复杂的地质条件等因素，我国在储气库建设上面临一系列严峻挑战，储气能力的不足严重制约着我国天然气业务的可持续、高质量发展。在科技人员的努力攻关下，我国石油地下储气库技术取得了进展与突破。长庆油田是我国最大的天然气生产基地，承担着向北京、天津等40多个大中型城市供暖的重要任务。2022年供暖季开始后，长庆油田的下属产气区严格落实保供方案，确保供暖任务的顺利完成。为此，未来要围绕"卡脖子"难题，进一步提升科技创新能力，做好供气供暖保障工作。推进以沙漠、戈壁、荒漠地区为重点的大型风电光伏基地建设，加大油气资源勘探开发力度，推动分布式能源开发利用等不断加强能源生产供应，建立并不断完善能源储备体系。

加强对供气供暖企业的帮扶。在发展中，供气供暖企业通过有效储备能源、事先排查问题、加强应急抢修抢险等措施，保障人民群众温暖过冬。2020年以来，由于建设工期的延长、建设成本的增加等诸多因素的影响，许多供气供暖企业在经营上面临一定困难。为了保障相关企业的安全平稳运行，国务院相关部门不断细化完善相关支持措施；按照中央相关文件的精神，结合地方实际，各地采取组合式税费支持帮助相关企业纾困解难。为了确保供气供暖工作的进一步落实、落细，在今后的工作中，要认真落实缓解供气供暖企业经营困难的财税金融措施，保障他们合理的融资需求，特别要对以风电、太阳能发电等为主的新能源企业予以相关政策的倾斜，破解融资难、融资贵问题。

完善协调运作机制。供气供暖涉及多个部门、多个领域，是一个庞大、复杂的系统性工程，为了保证相关工作的平稳运行，需要统筹协调、形成合力。严禁不作为、乱作为以及保护主义等行为，要在中央的统一部署和安排下，按照国家的相关规定，各方压实自身保供责任，打造"全国一盘棋"；各个部门、各个层级之间要加强沟通，完善相关协作机制；要注重监测与预警，加强与供气供暖工作相关数据的收集和分析，从而有效研判未来的趋势与走向，确保守好民生底线；在确保能源增产增供的基础上，各级党委和政府要科学制定应急预案，有针对性地预防各类突发性问题，确保电力热力的正常供应。

（二）做好供气供暖工作要不断提升服务供给的质量与水平

要秉持以人为本、民生优先的理念，不断增强服务意识，提升服务的质量和效率，确保各项工作措施的深化落实。首先，健全行业管理制度和技术标准体系。行政主管部门要对事涉供气供

济南高压天然气管道工程于2023年2月8日正式开工，全长25.07千米，设计输气能力为每年9.8亿立方米，可联通南北上游气源，实现济南市多气源供应（图源：济南能源集团网站）

暖的基础设施规划、工程的设计建设规划等作出制度性的安排，明确相关的标准与程序。对于已有的一些制度与标准，要根据实际的工作，不断进行梳理、优化、调整与完善。其次，加强配套基础设施的规划和建设。为了保障2022—2023年度的供热工作，山东省济南市济南能源集团按计划开展了丁字山"煤改气"项目、长清热电扩建项目，为464座住宅小区自管站（网）进行升级改造。通过实施热源项目、管网互联互通等重点工程，保障用户冬季的正常用热、用气，同时切实提升了老百姓的幸福感。2022年，为了有效应对严寒天气，保证气暖等的正常供应，寒潮来临前夕，河南省漯河市共改造管网8250米，更换井盖16个，更换调压箱和调压柜计6个，维护和保养调压器4台、过滤器

4台、发电机1台、阀门15个；市区22家瓶装液化气站、9家汽车加气站对所属管道、阀门、仪表等关键部位开展保温保暖工作，防止低温冻裂造成安全事故。最后，打造好事前、事中、事后全流程服务体系。一是为了确保供气供暖安全稳定，主管部门要对相关工作进行早部署、早安排，并指导有关企业加强设备的维护、检修等，从而实现隐患的有效排除。二是对工作目标、任务进行细化，确保责任落实明确到人、具体到事，同时通过24小时领导带班和值班制度等，确保保供工作的平稳运行。三是通过微信群、客服热线等及时了解人民群众用气用热等情况，做好售后的维修工作。四是加强现代技术手段的应用。山东省济南市济南能源集团依托企业资源计划（ERP）平台，集团推进数据资源"一脑统管"，建设全网供热智慧大脑系统，构建自感知、自分析、自诊断、自主优化调节的人工智能供热系统，实现气煤联动、源网联动，构建保障有力、协同高效的冬季气热保供体系。同时，要利用大数据、云计算做好数据分析、监测等工作，推动服务的数字化、智能化转型与升级。

春节前夕，工作人员对天然气外输装置进行安全巡检（图源：视觉中国）

（三）做好供气供暖工作要清理规范行业收费

清理规范供气供暖行业收费，对推动行业的高质量发展发挥着重要的作用。面对供气供暖行业收费方面存在的突出问题，各地区各部门加强组织领导，采取了积极有效的应对政策，并取得了阶段性的成果。为了进一步推动供气供暖的平稳运行，2020年12月，由国家发展改革委、财政部、住房城乡建设部、市场监管总局、国家能源局5部门联合发布的《关于清理规范城镇供水供电供气供暖行业收费促进行业高质量发展的意见》进一步指出："到2025年，清理规范供水供电供气供暖行业收费取得明显成效，科学、规范、透明的价格形成机制基本建立，政府投入机制进一步健全，相关行业定价办法、成本监审办法、价格行为和服务规范全面覆盖，水电气暖等产品和服务供给的质量和效率明显提高。"为落实中央的决策部署，各地区、各部门积极作为，推动政策的落实落地。山西省发展改革委、山西省住房城乡建设厅、山西省能源局发布《开展水电气暖领域涉企违规收费自查自纠实施方案》，对收费行为作出明文规定。

为了进一步做好供气供暖工作，我们要切实落实相关市场化改革的各项举措。一要严格规范价格收费行为，推进价格改革。供气供暖企业相关收费项目要列出清单，明码标价，建立健全价格和收费信息公示机制，严禁垄断行为。二要取消行业不合理收费。逐步取消供气供暖环节中不同名目的各种不合规收费项目。三要健全监管体制机制。市场监管等部门要加强对供气供暖工程安装、维护维修领域的价格监管和反垄断执法，要及时对不执行政府定价、收取不合理费用等违规行为进行曝光、加大查处力度，对相关企业实施失信惩戒。

供气供暖工作关乎人民群众的根本利益和生活质量，是人民群众最关心的民生建设之一，我们要以人民群众对美好生活的需要为根本着眼点，通过压实政府和企业的责任，借助市场化、法治化等有力手段，有序开展好供气供暖相关工作，厚植民本情怀，努力书写好温暖人心的民生答卷。

十一

社区工作怎样才能更好为老百姓服务？

　　社区虽小，但连着千家万户，做好社区工作十分重要。社区的党组织和党员干部天天同居民群众打交道，要多想想如何让群众生活和办事更方便一些，如何让群众表达诉求的渠道更畅通一些，如何让群众感觉更平安、更幸福一些，真正使千家万户切身感受到党和政府的温暖。

　　社区作为社会最基础的构成细胞，是党和政府联系、服务群众的"最后一公里"，社区工作能否走深走实走好，直接关系到群众的切身利益和幸福生活。特别是在新时代，人民生活水平不断提升，人民群众对社区服务的内容和质量都提出了更高的要求。习近平总书记多次赴社区考察调研，明确强调："要坚持为民服务宗旨，把城乡社区组织和便民服务中心建设好，强化社区为民、便民、安民功能，做到居民有需求、社区有服务，让社区成为居民最放心、最安心的港湾。"①党的十八大以来，从《中共中央　国务院关于加强和完善城乡社区治理的意见》提出"加快城乡社区公共服务体系建设"，到《中共中央　国务院关于加强基层治理体系和治理能力现代化建设的意见》明确"研究制定社区服务条例"，再到《"十四五"城乡社区服务体系建设规划》对"十四五"时期城乡社区服务体系建设作出全面部署……政策文件的相继出台，推动社区工作取得了有目共睹的成效。但是，我们也要清醒地看到，现有的城乡社区服务在一定程度上缺乏长期性与稳定性，仍有不小的提升空间。因此，进一步提升城乡社区服务质量与水平，还需要我们在充分发挥党建引领作用的基础上，进一步探索以人民为主体、多元共治的实践路径，

---

① 《习近平春节前夕赴贵州看望慰问各族干部群众　向全国各族人民致以美好的新春祝福　祝各族人民幸福吉祥祝伟大祖国繁荣富强》，《人民日报》2021年2月6日。

不断化解社区工作实践中的新增困难，把社区建设成人民群众的幸福家园。

（一）做好社区工作要坚持党建引领

"社区很重要，上面千条线，底下一根针，很多工作都要靠社区去完成。"① 充分发挥党组织的领导核心作用以确保社区工作的性质和方向，这是做好社区工作的基础和前提。近年来，河南省开封市顺河回族区从夯实党建基础做起，通过打造"初心家园""邻里春风"等多个社区党群服务中心，打通了联系群众、服务群众的"最后一公里"，人民群众获得感、幸福感、安全感不断增强。新形势下，进一步发挥党建对社区工作的引领作用，一要充分发挥党组织的磁石效应。宁夏回族自治区银川市金凤区通过设置"大工委"和社区联合党委，吸纳辖区各行业各领域党组织负责

以党建引领社区工作，小区里的红色物业

---

① 习近平：《我很重视社区工作》，《社会与公益》2022年第8期。

人、居民党员代表担任"社区党委"兼职委员，创新建立起"基层组织+物业公司+业主委员会"三方联管居民小区的工作机制，将业主满意度、小区党支部评价纳入社区服务质量考核，有效地推动了群众操心事、烦心事较早较好解决。①二要充分发挥社区党员的先锋模范作用。重庆市巴南区石滩镇石滩河社区党总支从老百姓最能感受的利益问题着手，积极开展党员"亮身份、亮职责、亮承诺"等活动，充分发挥广大党员干部的示范性和先进性，带领更多的群众积极参与到经济发展、社区治理等多方工作中来，逐步形成了以党总支为核心，社区单位和社区党员共治共建和谐社区的生动局面。三要进一步创新社区党的工作管理模式。打破条块分割的传统管理模式，把直接领导、双重领导和多方协调等领导方式结合起来，以社区党建工作新格局引领社区服务群众新飞跃。

（二）做好社区工作要坚定人民立场

人民立场作为马克思主义政党的根本政治立场，彰显着党的理想信念、性质宗旨和初心使命。为民的事没有小事，社区工作必须始终以人民为根本导向和价值遵循。正如习近平总

---

① 李保平主编：《宁夏社会发展报告（2022）》，宁夏人民出版社2022年版，第135页。

社区工作人员与群众聊家常，听取群众所需所想

书记所说："社区虽小，但连着千家万户，做好社区工作十分重要。"①一直以来，青海省西宁市宁城中区南滩街道建新社区坚持以"人民满意"为出发点和落脚点，持续提升服务深度、力度、速度和温度，以实际行动深入践行以人民为中心的发展思想，为我们起到了良好的示范作用。一方面，着眼于人口老龄化问题，建新社区依托"时间银行"和志愿者服务队，为辖区老人提供上门帮办、代办，通过入户与老人谈心、拉家常的方式，详细了解老人的身体状况和实际困难；另一方面，针对老、弱、病、残、孕、幼等特殊重点群体，建新社区积极打造大数据服务圈，大力开展延时服务、预约服务、上门服务、代办服务、绿色通道服务等五项特色服务，真正做到了关注人民群众，服务人民群众。新形势下，进一步做好社区工作就要继续在以人民为中心的发展思想引领下，不断强化为民、便民、安民功能，在注

① 中共中央文献研究室编：《习近平关于全面建成小康社会论述摘编》，中央文献出版社2016年版，第146页。

重民生关切的基础上化政策为执行力，不断满足人民群众日益增长的美好生活需要。

（三）做好社区工作要坚持多元共治

城乡社区是各种利益关系的交汇点和矛盾纠纷的多发地，社区服务工作的部署落实，离不开多元共治格局的塑造与完善。当前，我国社区工作仍然存在主体间联动性不足、社会组织介入度不够等诸多问题。对此，习近平总书记在党的二十大报告中明确指出："发展壮大群防群治力量，营造见义勇为社会氛围，建设人人有责、人人尽责、人人享有的社会治理共同体。"这为协调好社区工作中的主体间关系，打造多元共治的融洽氛围明确了方向。深圳市福田区积极贯彻党中央决策部署，通过系列措施调动辖区内各单位共联共建的积极性、主动性，引导驻区学校、企业、社区健康服务中心等单位将文化、教育、卫生、体育等活动设施向社区居民开放，实现了共驻共建、资源共享。贵州省铜仁市碧江区积极创新"一核为主　多元共治"社区治理机制，构建多元主体共联、多元平台共建、多元组织共商、多元资源共享、多元服务共担的新型社区治理体系，让社区居民享受到更加多元化的优质服务。新时代以来，全国各地城乡社区高度重视自身建设，不断探索和创新社区工作方式，多元共治的社区工作模式不断完善。未来，面对社区工作多元共治实践中存在的诸多难题，要进一步深化多元主体参与，打造社区工作共同体，提升社区服务人民的质量和水平。

（四）做好社区工作要完善法治保障

法者，治之端也。法治是国家治理体系和治理能力的重要依托，做好社区工作，必须坚定不移地走法治化道路。党的十八大以来，《中共中央 国务院关于加强和完善城乡社区治理的意见》《中共中央 国务院关于加强基层治理体系和治理能力现代化建设的意见》《"十四五"城乡社区服务体系建设规划》等政策文件的陆续出台，为社区工作法治化作出了宏观部署与细化规定，对预防和克服社区工作中存在的失序问题发挥了重要的作用。新形势下继续做好社区工作，一要进一步细化相关制度和配套规定。广东省广州市司法局聚焦旧楼加装电梯这一社区工作的痛点难点，先后出台了《广州市既有住宅增设电梯办法》《广州市老旧小区住宅加装电梯指引图集》等规范性文件和制度或技术指引。截至2023年12月底，全市累计完成旧楼加装电梯规划审批16365台，建成13947台，惠及群众100多万人，人民群众获得感、幸福感、安全感明显提高。二要进一步完善社区法律服务与支持系统。陕西省西安市莲湖区通过创新

"1133"工作模式，引导法律顾问以其专业化的服务深度参与社区工作，不仅为社区居民提供了高效便捷优质的法律服务，还成为推进社区依法治理的好参谋、好助手，有力地保障了社区工作的持续健康发展。三要进一步营造良好的社区法治氛围，引导社区居民依法维护权益、自觉履行义务，让人民真正拥有实实在在的获得感、幸福感、安全感。

十二

如何做到幼有所育？

民生金句

要加强对基础教育的支持力度，办好学前教育。

　　"人生百年，立于幼学。"学前教育是终身学习的起点，是幼儿一生的成长奠基。质量是学前教育的生命线。近年来随着社会经济的快速发展，我国的学前教育资源和普及水平呈螺旋式上升的趋势。《2023年全国教育事业发展基本情况》显示，2023年我国共有幼儿园27.44万所，学前教育在园幼儿4092.98万人，幼儿园的质量呈稳步发展的态势。但是我国正处于从数量压力到结构挑战的重要转折期，人口老龄化并少子化趋势愈加严峻，婴幼儿托育教育公共服务体系也正处于建设发展之中，尤其是普惠性资源供给不足、质量不高、发展不平衡不充分问题仍然突出。对此，习近平总书记指出，要解决好婴幼儿照护和儿童早期教育服务问题①，加强对基础教育的支持力度，办好学前教育②，从更高层面、更广视角对幼有所育的未来发展前景作出了深刻标的，表明了实现幼有

幼儿园里正在开心做游戏的老师和孩子（图源：视觉中国）

---

① 《中央经济会议在北京举行　习近平李克强作重要讲话》，《人民日报》2017年12月21日。
② 《习近平谈治国理政》第二卷，外文出版社2017年版，第366页。

所育不仅是我国托幼事业在民生保障与改善、国家战略保障与支撑、社会公平与稳定等更高层面的时代责任与使命，更是新时代学前教育工作的基本方向和共同愿景。

（一）注重幼儿家庭教育，夯实幼有所育的家庭基础

家庭是幼儿最主要的照料主体。习近平总书记指出，"家庭是社会的基本细胞，是人生的第一所学校。不论时代发生多大变化，不论生活格局发生多大变化，我们都要重视家庭建设，注重家庭、注重家教、注重家风"[①]，指明了家庭教育作为幼儿"人之初"的第一个课堂，对于幼儿未来的性格习惯、思想品行、行为方法的塑造至关重要。梁启超是一位"超级老爸"，他一生育有九个子女，个个都是精英，号称"一门三院士，满庭皆才俊"。他在教育子女时曾说，"你如果做成一个人，智识自然是越多越好；你如果做不成一个人，智识却是越多越坏"，表明了做人比学问更重要。古人云："古之欲明德于天下者，先治其国；欲治其国者，先齐其家。"家庭建设不仅与幼儿的成长息息相关，同时关系社会和谐稳定发展。文明家庭的建设不仅有利于幼儿的身心健康，更有利于推动社会的稳定运行。因此，

---

① 习近平：《在2015年春节团拜会上的讲话》，《人民日报》2015年2月18日。

建设文明家庭要坚持以社会主义核心价值观为引领，在家庭中用正确的行动、正确的方法浸润幼儿的言行和品质，营造文明和谐的家庭氛围。"一家仁，一国兴仁；一家让，一国兴让。"良好的家风不仅对幼儿的成长具有潜移默化的教化作用，同时可以形成良好的家庭环境，营造良好的家庭教育氛围，进而影响家教的质量。因此，我们要主动挖掘中华民族长期以来形成的积极向善的家风文化，自觉以尊老敬老、爱亲顾家、以德为本、厚德立家、勤俭持家、艰苦奋斗等优良品质感染幼儿、形塑幼儿的精神世界。

（二）加强学前教育教师培养，塑造幼有所育的人才队伍

国将兴，必贵师而重傅。学前教育教师队伍建设是"大国良师"的重要内容。实现幼有所育要求我们必须建设一支业务精湛、师德高尚的高素质专业化幼儿教师队伍。数据显示，从2012年到2023年底，我国幼儿教师的数量实现翻倍增长，幼儿教师的学历水平也大幅提升，幼儿园师生比明显下降，这一变化为学前教育的普及普惠优质发展奠定了坚实的基础。同时，伴随着学前教育的大力发展，教师队伍的建设步伐也在不断加快。广西壮族自治区在十年间开设学前教育专业的高校

增加了20余所，培养10余万优秀人才，基本形成了以本专科为主体的幼儿园教师培养体系。但是，由于我国幼儿教育底子薄、欠账多，在人才队伍建设上仍有欠缺。因此，塑造幼有所育的人才队伍，一方面，要提升教师的专业素养与创新能力。建设高素质高质量的学前教育教师队伍，辅助教师形成坚定的政治素养、高尚的道德情操、深厚的育人情怀、宽广的教育视野、鲜明的儿童立场、精深的专业能力、扎实的知识基础，不断提高学前教育教师的素质。另一方面，要提高学前教育教师待遇，将学前教育教师队伍的建设置于可持续发展高度，从工资待遇、专业发展、职称晋升、权益维护等方面落实尊师重教理念，健全幼儿教师收入分配激励机制，认真贯彻落实农村以及艰苦边远地区津贴等政策，努力保障学前教育教师的权益。同时，完善教师管理制度体系和工作机制。2018年以来，我国印发《关于全面深化新时代教师队伍建设改革的意见》《新时代基础教育强师计划》等一系列文件，对培养造就高素质专业化创新型教师队伍进行了整体性部署。由于学前教育教师队伍的复杂性与特殊性，需要出台专门的实施细则进行详细指导与规划，在充分考量学前教育学段的特点和要求的基础上，进一步完善相关体制机制，确保学前教育教师队伍走向规范化和专业化。

（三）加大学前教育资金投入力度，筑牢幼有所育的物质基础

在推进幼有所育的过程中，加大资金投入尤为关键。习近平总书记指出，"党和政府要始终关心各族少年儿童，努力为他们学习成长创造更好的条件"[①]，"国家教育经费要继续向贫困地区倾斜、向基础教育倾斜、向职业教育倾斜，帮助贫困地区改善办学条件，对农村贫困家庭幼儿特别是留守儿童给予特殊关爱"[②]，指明了财政支持对于学前教育工作的关键保障性作用。目前，我国0—6岁儿童近1亿，同时，随着二孩、三孩政策的全面放开，在未来一段时期我国幼儿教育在区域、城乡、人群之间的矛盾将会更加突出。此外，随着生活水平的提高和育儿理念的不断科学化，城乡居民不仅对幼儿教育供给的数量充满期待，同时期望能够获得更高质量的幼儿教育。从根本上说，这是人民日益增长的美好生活需要和不平衡不充分的发展之间的矛盾在教育领域的深刻体现。

2023年上半年，广东省深圳市针对"育""养""教"难题，新

---

① 中共中央党史和文献研究院编：《习近平关于注重家庭家教家风建设论述摘编》，中央文献出版社2021年版，第63页。
② 本书编写组：《脱贫——中国为什么能》，人民出版社2022年版，第78页。

增托位4000余个，进一步打造"15分钟托育服务圈"，为职场年轻父母高质量育儿赋能蓄力。针对留守儿童，深圳市宝安区以党支部为引领，携手洋田希望小学、和平社区阅读中心等通过整合社会各界资源，搭建了社工机构联动公益组织、城市助力乡村的桥梁，为洋田希望小学留守儿童提供了1000余册图书物资，为丰富留守儿童的精神世界提供了重要支撑。推进幼有所育，一方面要继续加大学前教育财政投入力度，努力营造有利于教育均衡发展的制度和政策环境。另一方面，要健全完善幼儿资助制度，确保家庭经济困难幼儿、留守幼儿、孤儿以及残疾幼儿等处境不利的儿童也能得到平等的受教育机会。

（四）完善幼托服务体系建设，提升幼有所育的服务质量

办好学前教育、实现幼有所育，推进幼儿教育事业的高质量发展，是"十四五"时期托幼事业发展的主旋律。自全面三孩政策实施以来，幼儿养育成为家庭"甜蜜的负担"。山东省泰安市主动破题，精准发力，创新"1234"工作法。一是搭建"一个平台"，成立幼儿照护服务指导中心，建立第一批专家库，22名专家围绕生长发育、膳食营养、预防接种、疾病防控、安全防护和早期教育六大主题，提供幼儿照护公益指导。二是拓宽"两个渠

道"，在线上利用家长亲子教育群、直播课等网络手段，广泛开展宣教普及工作，在微信公众号"泰山健康服务号"设立婴幼儿专栏，为家庭提供科学养育指导。在线下针对婴幼儿家庭的不同照护需求，提供一对一菜单式精准养育指导。三是打通"三个环节"，使家庭、村（社区）、托育机构环环相扣，依托卫生服务中心，将婴幼儿照护与基本公共卫生、妇幼保健等工作相结合，为辖区婴幼儿建立成长保健手册，开展新生儿访视、膳食营养、预防接种等服务。截至2023年底，泰安市共有托育机构416家，多数能提供全日托、半日托、计时托，全市千人口托位数达到3.68个，基本满足群众对市场化托育服务的需求。四是强化"四个保障"，把组织领导、部门协作、社会参与、宣传引导作为保障措施，确保婴幼儿照护服务工作提质增效。

完善幼托服务体系建设，一要形成多元幼托服务模式，充分利用好既有幼儿园资源，鼓励和支持公立幼儿园和普惠性民办幼儿园向下延伸，鼓励具有合法办学资质的暑托、寒托、晚托等市场化托育机构继续发展。二要形成机构自律、政府监管、社会监督的综合监管体系。在机构设置及管理方面严格遵循《托育机构设置标准（试行）》和《托育机构管理规范（试行）》要求；政府通过基层日常巡查、相关部门抽查、联合检查相结合的多种检查形式，加强事中事后监管；各群团组织要充分发挥社会监督职能，关注婴幼儿身心健康，维护人民群众的合法权益，在"三合一"

山东省首届托育服务行业职业技能大赛（图源：山东省卫生健康委员会）

的监督中有效推动托育行业规范、健康、可持续发展。此外，要加快构建0—3岁婴幼儿服务体系，满足家庭对于婴幼儿照护和早期教育的服务需求。推进建立专门的婴幼儿托育服务机构，创新服务管理方式，为有育儿需求的家庭提供照料、托管等专业服务，做好保育与幼儿园教育的有效衔接，促进幼儿健康发展。

十三

如何做到学有所教？

民生金句

坚持把优先发展教育事业作为推动党和国家各项事业发展的重要先手棋。

教育是国之大计、党之大计。新中国成立至今，我国的教育实现了举世瞩目的成就，彻底改变了中国教育"底子薄""基础弱"的面貌。新时代以来，随着现代化进程的不断加快，人民群众对美好生活的向往与期待更加强烈，其中也包括对接受更公平和更优质教育的期待。如何实现教育公平和教育资源均衡发展？如何护佑青少年身心健康？如何助力青少年在获得职业发展所需的知识与技能的同时，获得更多自身发展、创造美好生活的能力？一系列百姓关心的问题成为今后实现学有所教的重要目标。习近平总书记指出："坚持把优先发展教育事业作为推动党和国家各项事业发展的重要先手棋。"①

（一）制度上要坚持党对教育的全面领导

党对教育的全面领导是中国特色社会主义教育最本质的特征，决定着中国特色社会主义教育的性质、方向以及命运，是学有所教的根本保证。在2018年召开的全国教育大会上，习近平总书记明确提出教育改革发展的新理念和新观点，"坚持把立德树人作为根本任务，坚持优先发展教育事业，坚持社会主义办学方向，坚持扎根中国大地办教育，坚持以人民为中心发展教育，

---

① 习近平：《坚持中国特色社会主义教育发展道路 培养德智体美劳全面发展的社会主义建设者和接班人》，《人民日报》2018年9月11日。

坚持深化教育改革创新，坚持把服务中华民族伟大复兴作为教育的重要使命，坚持把教师队伍建设作为基础工作"①。教育是"国之大计、党之大计"，实现学有所教离不开党对教育事业的全面领导。要继续加强对教育事业发展的顶层设计，从党和国家事业发展全局的高度，全面贯彻落实党的教育方针，坚持用党的理想信念凝聚人心，用习近平新时代中国特色社会主义思想铸魂育人，将学有所教的重点落到"国之大计、党之大计"的战略部署上来。

（二）立场上要坚持以人民为中心

人民性是马克思主义最鲜明的品格，人民是教育改革最坚实的根基，也是学有所教的根本所在。中国共产党作为马克思主义政党，将人民的需求作为教育改革的出发点，努力办好人民满意的教育。其中包括尊重人民在教育中的主体地位，着力解决群众所思、所想、所忧的教育问题，团结带领人民群众共同创造教育伟业。

近年来，我国不断推进学校的标准化建设，对部分薄弱学校进行了因地制宜的改造，对贫困地区和民族地区的教育扶持

---

① 习近平：《坚持中国特色社会主义教育发展道路 培养德智体美劳全面发展的社会主义建设者和接班人》，《人民日报》2018年9月11日。

以及对口支援力度进一步加强，提高了义务教育的办学水平和质量。我国明确提出建设高质量教育体系的战略规划，相继出台《中国教育现代化2035》《加快推进教育现代化实施方案（2018—2022年）》等一系列重要文件，对办好人民满意的教育作出了全面部署，不断满足人民群众对"上好学"的美好教育需求。江苏省泰州市深入贯彻党的二十大精神，2021—2023年泰州连续三年召开"办好人民满意的教育"推进大会。首先，扩大优质教育资源的供给，通过扩建、新建学校，应用数字教育资源等措施增加优质教育的供给。其次，提升教育质量，推进大中小学思想政治教育一体化建设，在潜移默化中落实立德树人根本任务，同时持续深化"双减"，聚焦课堂教学质量。最后，加强教师队伍建设。近年来，泰州在师德建设、招引培育、待遇保障等方面出台了相关政策，培养出了许多教育名家和教学名师，更好地承担起了办好人民满意教育的重任。

学校积极创新校本课程，巩固"双减"成效（图源：视觉中国）

（三）价值上要促进教育优质均衡发展

学有所教就是要促进教育公平，培养德智体美劳全面发展的社会主义建设者和接班人。虽然时代的主题在不断更新，但教育改革一直以来都遵循着促进公平、提高质量的政策主线。可以说，让每一个孩子受到良好的教育，用心办好每一所学校，是我国教育改革的基本价值追求。党的二十大报告提出加快义务教育优质均衡发展和城乡一体化，优化区域教育资源配置，强化学前教育、特殊教育普惠发展，坚持高中阶段学校多样化发展，完善覆盖全学段学生资助体系，其根本指向是让每一个孩子从"有学上"转为"上好学"，公平而有质量地促使教育成果惠及全体人民。与此同时，党的十八大以来，以保障教育投入为起点，我国逐步建立起了一个横跨东中西部，覆盖各级各类教育的教育优先发展政策体系，在优质均衡发展的过程中不断推进基本公共教育服务均等化。

近年来，浙江省宁波市启动等级幼儿园扩面工程、普通高中办学协作体建设、县域高中振兴行动、城乡义务教育共同体建设等，实现以城带乡、以优扶弱、优质均衡、共同发展，其中公办和民办幼儿园所占比重已经接近93%，义务教育共同体覆盖至所有乡村和镇区学校，县域高中的办学质量大幅度提升，群众身边的"好学校"日益增多。这样一来，有更多的资源向农村、薄弱地区或是弱势群体倾斜，缩小了城乡、区域以及校际的差距，突出了协同共育。

（四）方向上要全面加强思想政治教育

校园里的思政课堂（图源：视觉中国）

"思想政治工作是党的优良传统、鲜明特色和突出政治优势，是一切工作的生命线。加强和改进思想政治工作，事关党的前途命运，事关国家长治久安，事关民族凝聚力和向心力。"①要坚持和加强党的全面领导，把思想政治工作贯穿教育教学的全过程，牢牢掌握工作的领导权和主动权。

为积极响应上级党团组织的号召，助力大学生养成科学的理论品格和科学方法，引领他们坚定理想信念，沈阳农业大学着力构建以思想政治教育为载体的大学生理论类社团建设，其中沈阳

①《中共中央国务院印发〈关于新时代加强和改进思想政治工作的意见〉》,《人民日报》2021年7月13日。

市高等学校"十佳大学生理论学习社团"求思学社很好地发挥了大学生理论学习先锋队的作用。其骨干力量大部分都是理论知识丰富的大学生党员，求思学社还聘请马克思主义学院骨干教师、学院团委书记等担任相应的理论研习与社会实践指导教师，进一步提高了大学生们的思想道德素质和政治意识，使他们逐渐成为先进思想的传播者，也在实践活动中有效增强了他们的社会责任和使命担当，为各级各类学校在党建带团建机制下打造大学生理论类社团，创新思想政治工作提供了有益借鉴。

（五）方法上要推进教育数字化转型

2023年5月29日，习近平总书记在中共中央政治局第五次集体学习时强调："教育数字化是我国开辟教育发展新赛道和塑造教育发展新优势的重要突破口。"[①]教育数字化愿景是将数字技术与学校教育全方位融合，汇聚成优质教育资源，让教育资源充分"动起来"，从"一面"实现"多元"。2019年，中共中央、国务院印发了《中国教育现代化2035》，这是我国第一个以教育现代化为主题的中长期战略规划，是新时代推进教育现代化、建设教育强国的纲领性文件。在"十四五"规划和2035年远景目

[①] 《加快建设教育强国　为中华民族伟大复兴提供有力支撑》，《人民日报》2023年5月30日。

标纲要中，再次明确了"建设高质量教育体系"①的政策导向和重点要求，强调了"发挥在线教育优势，完善终身学习体系，建设学习型社会"②。

随着2022年教育数字化战略行动开启，我国正式进入教育信息化3.0时代。智慧学校是学校层面教育数字化转型的重要抓手，更是开辟智能时代未来学校发展的主要赛道。近年来，国家及地方高度重视智慧学校建设工作，纷纷出台相关建设标准与指导意见。疫情防控期间，上海市长宁区教师利用国家智慧教育公共服务平台和上海"空中课堂"的优质资源，有力保障了线上教育教学质量，整体提升了区域教育质量。浙江机电职业技术学院充分运用数字孪生等新技术，开发虚拟仿真教育资源，现已建立了11个数字化工业设计虚拟仿真教学馆，3D扫描、设计、仿真、制造一站式示范基地，虚实结合智能轨道交通综合实训基地。借助虚拟仿真实训技术，学生在实训课程中感受到了全流程场景化再现。全国各地数字化平台赋能教育教学发展，人人皆学、处处能学、时时可学的终身学习服务体系正在加速建设。

---

① 《中共中央关于制定国民经济和社会发展第十四个五年规划和二〇三五年远景目标的建议》，人民出版社2020年版，第33页。
② 《中共中央关于制定国民经济和社会发展第十四个五年规划和二〇三五年远景目标的建议》，人民出版社2020年版，第33页。

十四

如何解决劳有所得问题？

民生金句

　　全面建成小康社会，进而建成富强民主文明和谐的社会主义现代化国家，根本上靠劳动、靠劳动者创造。

劳有所得，是当前老百姓最关心、最直接、最现实的民生问题之一。"劳"，是劳动、就业；"得"，是收入、分配。"劳有所得"具体来说包含三层含义：一是付劳获酬，即付出了劳动就应当能够按照一般规则获得劳动报酬，其底线是劳动者付出劳动后所获得的劳动报酬不低于法定最低工资及社会正义底线；二是劳有所值，即劳动者付出劳动后，能够获得与其创造价值或者其贡献相适应的劳动报酬，体现劳动价值的公平与合理；三是劳能共享，即劳动者付出劳动后能够真正合理分享国家、企业等的发展成果，这是一个包含工资正常增长、职业福利与社会保险制度全面覆盖，甚至包括企业分红等要素在内的综合价值。习近平总书记明确指出："全面建成小康社会，进而建成富强民主文明和谐的社会主义现代化国家，根本上靠劳动、靠劳动者创造。"党的十八大以来，在以习近平同志为核心的党中央关怀下，崇尚劳动、尊重劳动者在全社会蔚然成风，广大劳动者劳有所得得到更加充分的体现。2024年《政府工作报告》显示，我国居民人均可支配收入增长6.1%，城乡居民收入差距继续缩小，改革发展成果惠及越来越多的百姓。新形势下，深入解决劳有所得问题，一方面，有"劳"才有"得"，要坚持就业优先战略和积极就业政策，努力促进就业，合理分配收入。另一方面，要规范和协调劳动关系，健全劳动法律法规，依法维护劳动者的合法权益，让发展成果更多更公平惠及全体人民。

（一）坚持就业优先战略

就业是民生之本，是劳动者赖以生存和发展的基础、共享经济发展成果的基本条件，也是实现劳有所得的基础和前提。没有就业，就没有收入，劳有所得也就无从谈起。习近平总书记多次强调实施就业优先战略，并作出具体的战略部署，为新时代新征程做好就业工作，实现劳有所得提供了基本遵循。为落实就业优先战略，云南省昆明市先后出台了《关于支持多渠道灵活就业的若干措施》《关于进一步推动高校毕业生等青年就业创业21条措施》等相关文件，积极推进"互联网+公共就业服务"一体化平台建设，打造昆明智慧就业平台，就业服务水平不断提升。未来，进一步落实就业优先战略，实现以"劳"促"得"，一要继续强化就业优先政策。广东省人民政府办公厅于近日发布《关于

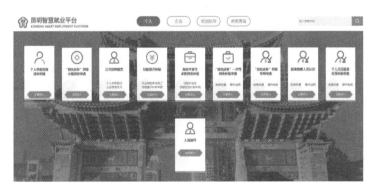

昆明智慧就业平台

优化调整稳就业政策措施全力促发展惠民生的通知》，从激发活力扩大就业容量、拓宽渠道促进青年就业、强化帮扶兜牢民生底线、夯实基础提升服务效能等四个方面提出16条举措，为进一步实现更高质量和更充分就业奠定了良好的基础。二要健全就业公共服务体系。通过构建精准识别、精细分类、专业指导的公共就业服务模式，进一步打造覆盖全民、贯穿全程、辐射全域、便捷高效的全方位公共就业服务体系，提升就业服务质量和效率。三要全面提升劳动者就业创业能力。要坚持以人民为中心发展教育，加快建设高质量教育体系，在此基础上统筹职业教育、高等教育、继续教育协同创新，不断提高劳动者素质，更好适应高质量发展需要。

（二）完善收入分配制度

收入分配是直接关系老百姓"钱袋子"的大事，合理的收入分配是确保劳有所得的重要支撑。随着改革开放和社会主义市场经济的发展，居民可支配收入出现多元化趋势，经营性收入、财产性收入及转移性收入等不断增加，但对绝大多数普通老百姓来讲，主要收入来源仍然是劳动报酬。当前，我国仍然存在普通劳动者收入偏低和不同地区、行业、群体之间收入差距过大等分配不公现象。在做大财富"蛋糕"的同时分好"蛋糕"，让全体人民共享改革发展成果，是解决劳有所得问题的内在要求，也是维护社会公平正义、促进社会和谐稳定的迫切需要。习近平总书记指出："坚持按劳分配为主体、多种分配方式并存，构建初次分配、再分配、第三次分配协调配套的制度体系。"这一重要部署，为以完善收入分配制度解决劳有所得问题提供了思想指引。以此为指导，浙江省台州三门县积极深化要素贡献分配机制改革，通过土地入股，共享塘租红利等方式，走出了一条新的收入分配改革之路，带动了居民收入的长效增长和合理分配。新形势下，为保障在最广范围、最多人群中切实实现劳有所得，必须进一步完善工资收入分配机制，努力提高低收入群体收入，扩大中等收入群体收入，努力缩小工资收入分配差距，为劳动者带来更多获得感。

（三）完善劳动者权益保障制度

完善劳动者权益保障制度是解决劳有所得问题的重要保障。近年来，依托互联网平台就业的网约配送员、网约车驾驶员、快递员、主播等新就业形态劳动者数量大幅增加。据国家统计局统计，目前我国灵活就业人员已超2亿人，并且这一群体规模仍在不断扩大。如何保障新就业形态劳动者劳有所得成为人民普遍关注的重点问题。习近平总书记明确指出："完善劳动者权益保障

工会进万家活动，为新就业形态劳动者送去温暖（图源：山东省交通运输厅）

制度，加强灵活就业和新就业形态劳动者权益保障。"这一重要论述，为完善劳动者权益保障制度，保护新就业形态劳动者劳有所得提供了基本遵循。甘肃省酒泉市金塔县主动适应新业态发展要求，采取切实措施促进新就业形态持续健康发展，保障新就业形态劳动者权益。一是做好用工监督指导。通过"暖心行动"指导企业依法合规用工，加强对企业用工监督管理，保障新就业形态劳动者劳有所得。二是积极能动注重预防。加强新就业形态劳动争议预防调解，强化新就业形态劳动争议案件监测预警，高效处理一般争议案件，妥善处理集体争议案件。三是拓宽投诉举报渠道。及时受理、快速查处投诉举报案件，加大劳动保障监察力度，将新就业形态劳动者劳动保障权益纳入日常巡查、专项执法检查、书面审查、诚信评价重要内容，重点治理拖欠劳动报酬、违法超时加班等突出问题，劳有所得得到切实凸显。

此外，加强劳动立法是完善劳动者权益保障制度，保障劳有所得的重要环节。习近平总书记在党的二十大报告中深刻阐述了全面依法治国的重大意义，强调在法治轨道上全面建设社会主义现代化国家，同时提出"加强重点领域、新兴领域、涉外领域立法""健全劳动法律法规"……这些重要论述及其丰富内涵为我国以法律保障劳有所得明确了目标和方向。党的十八大以来，我国陆续修订完善了《中华人民共和国劳动合同法》《中华人民共和国就业促进法》《中华人民共和国劳动法》等法律法规，配套法律体系已基本形成。这些法律法规在保障劳动者合法权益，保护劳有所得等方面发挥了重要作用。新形势下，必须根据新时代需要，进一步完善劳动领域相关法律规定，强化对新业态从业人员各项权益的保障，进一步突出人民性、体现时代性，切实保障劳动者合法权益，推动实现劳有所得。

十五

如何解决就业难问题？

民 生 金 句

促进高质量充分就业，是新时代新征程就业工作的新定位、新使命。要坚持以人民为中心的发展思想，全面贯彻劳动者自主就业、市场调节就业、政府促进就业和鼓励创业的方针，持续促进就业质的有效提升和量的合理增长，不断增强广大劳动者的获得感幸福感安全感，为以中国式现代化全面推进强国建设、民族复兴伟业提供有力支撑。

就业，一头连着万家灯火，一头连着宏观经济。就业问题是世界各国共同面临的大问题，也是始终摆在我们党和国家面前的大问题。进入新时代，就业问题又具有新问题、深层次问题和急难愁盼问题等多重属性。如何解决就业难题，让人们拥有更稳定的工作，成为新时代的人民之问。基于过去五年的工作和新时代十年的伟大变革，着眼于不断增进民生福祉和提高人民生活品质，习近平总书记在党的二十大报告中明确指出："强化就业优先政策，健全就业促进机制，促进高质量充分就业。"这一重要论述为做好新时代新征程的就业工作提供了基本遵循。2023年，党中央坚持以人民为中心的发展思想，积极实施就业优先政策，城镇新增就业1244万人，城镇调查失业率均值5.2%，比上年下降0.4个百分点，较好地完成了预定目标。2024年《政府工作报告》进一步提出，要继续落实落细就业优先政策，把促进青年特别是高校毕业生就业工作摆在更加突出的位置，切实保障好基本民生，并确定了"城镇新增就业1200万人以上，城镇调查失业率5.5%左右"的稳中求进目标。为此，必须把稳就业工作摆在更加突出位置，扩大就业容量，提升就业质量，多措并举解决就业难问题。

（一）强化就业优先政策

强化就业优先政策是解决就业难问题的基础和前提，要突出经济发展的就业导向，加强就业政策与其他宏观经济政策的协调配合，努力实现"经济增长"与"就业促进"的良性互动和协调发展。党的十八大以来，习近平总书记高度重视就业工作，多次强调实施就业优先政策，为我国深入推进就业优先战略提供了重要的思想指引。2019年《政府工作报告》首次将就业优先政策置于宏观政策层面，旨在强化各方面重视就业、支持就业的导向。2020年10月，《中共中央关于制定国民经济和社会发展第十四个五年规划和二〇三五远景目标的建议》提出"实现更加充分更高质量就业"的目标，并明确"强化就业优先政策"的主要任务。近年来，随着就业优先政策不断落细落实，就业政策"工具箱"日益丰富，整体就业形势稳中向好。新形势下，以强化就业优先政策破解就业难题必须继续坚持目标导向优先，把稳定和扩大就业作为经济社会发展的优先目标，推进供给侧结构性改革，促进产业结构、区域发展与就业协同，强化就业影响评估，努力在经济结构优化升级中拓展就业空间、扩大就业容量，增强经济发展创造就业岗位特别是高质量就业岗位的能力，形成促进经济增长与扩大就业相互匹配的良性互动发展模式。

（二）保障重点群体就业

重点群体稳，则就业大局稳。促进重点群体就业是解决就业难问题的关键环节。习近平总书记高度重视重点群体就业工作，多次强调要实施好就业优先政策，做好高校毕业生、农民工、退役军人、城镇困难人员等重点群体就业工作。为此，国家先后出台《关于实施高校毕业生就业创业推进行动的通知》《扩大返乡留乡农民工就地就近就业规模实施方案》《关于实施重点群体创业推进行动的通知》等一系列稳就业、促就业的政策措施，重点人群就业形势不断改善。新形势下，继续做好重点群体的就业工作，要把他们的就业优先放在经济社会发展更加突出的位置，打好促进重点群体就业的"组合拳"。一方面，要继续精准政策靶向，强化因人施策、分类帮扶。为了保障重点群体就业，安徽省黄山市黄山区人力资源和社会保障局分类施策，对于零工等群体，黄山区"邻工驿站"每周都会举办一场专为零工群体服务的就业招聘活动，同时建立了求职用工对接机制，不仅缓解了市场主体"招工难"问题，还有效推动了就业困难群体实现就业。对于高校毕业生，黄山区认真梳理高校毕业生就业创业政策，通过"进企业""进校

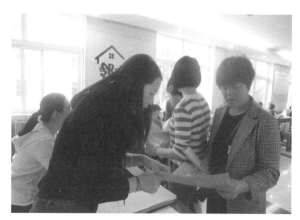

黄山区"邻工驿站"内专为零工群体服务的就业招聘活动（图源：黄山区人社局网站）

园""进社区"的形式开展"一对一"政策宣传指导、就业形势讲座以及政策解读会，同时组织辖区各单位参加高校直通车现场校招会，为高校毕业生提供岗位，促进就业。对于失业人员，黄山区积极落实定期联系失业人员制度，为有就业能力和就业意愿的登记失业人员积极提供就业指导；对于确实难以通过市场实现就业的困难人员，黄山区通过设置公益性岗位予以托底安置。截至目前，黄山区全区实现城镇新增就业3051人，高校毕业生就业率92.34%，重点群体就业持续向好。另一方面，要采取更多扶持政策，大力支持新技术、新业态、新产业、线上经济发展，为重点群体创造更多新就业形态、多元化就业岗位，促进重点群体多渠道就业。

（三）聚焦"数字+就业"

习近平总书记多次强调，要不断做强做优做大我国的数字经济。[①]近年来，我国不仅将发展数字经济上升为国家战略，还以数字化赋能就业，聚焦"数字+就业"，大力培育有利于可持续发展的就业新动能，推动就业的高质量发展。具体来说，一方面数字经济创造了大量就业机会和新兴就业岗位，如网络主播、算法

---

① 习近平：《不断做强做优做大我国数字经济》，《求是》2022年第2期。

工程师等，推动了就业更充分和更高质量发展；另一方面，数字经济催生出多样化的新型就业形态，极大地拓展了就业空间，为灵活就业发展赋予了新动能。2023年发布的《2023中国数字经济前沿：平台与高质量充分就业》显示，以微信、抖音、快手、京东、淘宝、美团、饿了么等为代表的平台，2021年为中国净创造就业约2.4亿，为当年约27%的中国适龄劳动人口提供就业机会。新形势下，聚焦"数字＋就业"带动解决就业难题，要继续推动数字产业发展壮大，拓展就业新空间，通过加快数字基础设施建设，着力发展壮大互联网、物联网、大数据、云计算等信息技术产业，同时提升传统服务业数字化、智能化服务能力，在带动经济提质转型过程中创造更多更高质量的新兴就业创业增长点。

（四）推动创业带动就业

就业是民生之本，创业是就业之源。积极推动大众创业与万众创新，发挥创业带动就业的乘数效应，是我国深入推进就业优先战略，解决就业难问题的重要手段。党的十八大以来，我国上上下下积极实施"放管服"改革，大力推进大众创业、万众创新，支持农民工等人员返乡入乡创业，有效激发了市场活力和社会创造力，市场主体大量涌现，新产业新业态快速发展，创造了

年轻人返乡创业发展温室大棚，打造产前、产中、产后一体化服务平台。图为航拍下的温室大棚

大量新工作新岗位，创业成为促进就业增长的重要源泉。2021年，国家发展改革委会同有关部门，依托212家国家双创示范基地开展创业带动就业示范行动，在各方共同努力下，全年累计创造就业机会416.7万个，实际解决就业约200万人，为高校毕业生、农民工等重点群体创业就业发挥了重要示范作用。新形势下，继续坚持创业带动就业破解就业难题，一方面要不断优化创业环境。近年来，云南省结合当地特色，积极开展"云南过桥米线""云南特色小吃""云南生态茶叶""云南生态咖啡"等劳务品牌培育计划，持续推进商事制度改革，打造一流营商环境，逐渐在全省形成了"敢闯敢创"的良好创业生态，进而有效实现了广

大群众的就业增收。另一方面，要积极推动"政—校—企"更加密切合作，通过政府、高校、企业之间的相互协作，发挥各方优势，不断提高创业平台载体建设的创新水平，打造出更高水平、更多功能的创业平台载体。

十六

如何解决看病难、看病贵问题？

民生金句

要推动医疗卫生工作重心下移、医疗卫生资源下沉，推动城乡基本公共服务均等化，为群众提供安全有效方便价廉的公共卫生和基本医疗服务，真正解决好基层群众看病难、看病贵问题。

近年来，随着人民生活水平提高，受人口老龄化问题等影响，我国医疗卫生服务需求压力剧增，医患矛盾加剧，看病难、看病贵问题成为当前社会关注的焦点，也是我国医疗卫生体制改革面临的重要课题。习近平总书记曾作出重要指示："要推动医疗卫生工作重心下移、医疗卫生资源下沉，推动城乡基本公共服务均等化，为群众提供安全有效方便价廉的公共卫生和基本医疗服务，真正解决好基层群众看病难、看病贵问题。"①这为解决看病难、看病贵问题提供了根本遵循。调查报告显示，我国在全面实施"健康中国"战略后，截至2023年底，全国基本医疗保险参保人数增至133386.9万，参保覆盖面稳定在95%以上，参保质量持续提升。参加职工基本医疗保险人数37093.88万，参加城乡居民基本医疗保险人数96293.02万，医疗服务的便利性与可及性持续增强，人民群众的健康获得感不断增强。但是，我们也要清醒地看到，基于区域医疗资源分布不均、重大疾病经济负担仍然较重的现实状况，人民群众看得上病、看得起病、看得好病的根本实现仍面临许多问题和困境。由此，从细从实、多措并举，着力解决好人民群众看病难、看病贵问题，是新形势下提升医疗保障水平，满足人民群众美好生活需要的必然要求。

---

① 习近平：《在教育文化卫生体育领域专家代表座谈会上的讲话》，《人民日报》2020年9月23日。

（一）健全多层次医疗保障体系

健全多层次医疗保障体系是解决看病难、看病贵问题的首要任务。习近平总书记在党的二十大报告中强调："促进多层次医疗保障有序衔接，完善大病保险和医疗救助制度，落实异地就医结算，建立长期护理保险制度，积极发展商业医疗保险。"这为新形势下以医疗保障事业高质量发展带动看病难、看病贵问题的有效解决指明了方向。为响应国家号召，各地医保部门以减轻群众就医费用负担为目标，着力完善基本医保、大病保险、医疗救助三重制度，大力支持商业补充医疗保险发展，同时鼓励引导多种形式的医疗互助参与，全力构建多层次医疗保障体系，并取得了显著成效。但是，在充分肯定成绩的同时，我们也要清醒地看到，医疗保障体系仍然存在许多薄弱环节，必须努力补齐短板，推动看病难、看病贵问题的解决。在提升医保服务效率方

钟山区开展"15分钟医保服务圈"工作培训会
（图源：六盘水市医疗保障局网站）

面，贵州省六盘水市钟山区医保局积极打造"15分钟医保服务圈"，通过在乡镇（街道）、村（社区）建设医保服务点，将城乡居民参保登记及缴费、医疗费用报销、医保电子凭证申领等基本业务下放至村级，群众在家门口就能办理16项高频医保服务事项，提高了医保服务的效率和质量，切实减轻了人民群众看病就医的负担，起到了良好的示范作用。

（二）推动县域医疗共同体建设

县域医疗共同体是指以县级医院为龙头、乡镇卫生院为枢纽、村卫生室为基础，县乡村三级医疗卫生机构分工协作、三级联动的县域医疗服务体系。县域医共体建设，目的就是补齐县域内医疗服务短板，让群众不出县就能享受到优质医疗服务，推动县域医共体建设，有利于直接解决看病难、看病贵问题。习近平总书记指出："要推进县域医共体建设，改善基层基础设施条件，落实乡村医生待遇，提高基层防病治病和健康管理的能力。"[1]受经济发展差异影响，广东省惠州市博罗县地区之间、城乡之间的医疗卫生服务水平差距较大，再加上经济发展程度较高的西部地区由于靠近广州、东莞，大量县域内患者外流到外市就医，费时

---

[1]　习近平：《在教育文化卫生体育领域专家代表座谈会上的讲话》，《人民日报》2020年9月23日。

博罗县人民医院（图源：博罗县人民政府网站）

费力又费钱，不仅增加了群众的就医负担，而且造成了基层医疗卫生服务能力长期积弱的情况。以此为背景，为推动解决医疗资源分配不均和基层百姓看病难题，博罗县逐步打造由博罗县医共体总医院牵头，整合全县医疗服务力量的县域医共体。自县域医共体建设启动以来，博罗县医共体总医院不断加大资源下沉、专家下沉的力度，有效盘活了县域医疗资源，实现资源整合，不仅打通了县域内医疗机构之间的"堵点"，也为博罗县基层群众就医提供实实在在的方便。经过几年的探索和建设，我国已建成县域医共体超4000个，在800多个县（市、区）开展紧密型县域医共体试点建设。实践表明，持续推进县域医共体建设，是优化医疗资源配置，满足群众看得上病、看得好病需求的有效途径。在新形势下，我们必须围绕群众的就医需求，持续推动县域医共体建设向纵深发展，通过抓好政策设计，突出机制建设，推动县域医共体平稳有效运行，不断增进人民群众的健康福祉。

（三）不断完善药品供应保障制度

要从根本上解决看病难、看病贵问题，必须解决药品和高值医用耗材价格虚高及"以药养医"问题。扎实推进药品领域的改革，健全药品供应保障制度，有利于从购药环节直接促进看病难、看病贵问题的解决。习近平总书记在党的十九大报告中强调："全面取消以药养医，健全药品供应保障制度。"党的十八大以来，国家医保局和相关部门不断完善药品政策，一方面以带量采购为核心，推进药品和高值医用耗材带量采购改革，用市场化机制有效挤压医药价格虚高。另一方面，强化监测调度，优化"双通道"管理机制，提高医保目录药品的供应保障水平，在降低价格的同时确保老百姓能及时买到药，切实减轻了群众用药费用负担。因为医药领域的种种乱象，福建省三明市市民看病难、看病贵问题十分突出。面对人民就医的沉重负担，三明市积极按照国家部署要求，针对医药领域的痼疾沉疴采取了一系列措施。自2012年起，三明市实行重点药品监控，联合限价采购，全面取消药品耗材加成。三明市整合原来分散于人社、卫健、财政等部门的医保管理职能，成立医保基金管理中心，由其组织实施药品耗材集中限价采购，以量换价，挤出药品耗材价格虚高水分，让药品耗材回归真实价格，使药品回扣失去操作空间，让医生不能拿回扣。三明市挤出药品耗材等虚高费用近158亿元，所有采购药品耗材价格均明显下降，平均降幅为50%，药品单品最大降幅96.95%，耗材单品最大降幅82.5%。习近平总书记曾指出："三明医改体现了人民至上、敢为人先，其经验值得各地因地制宜借鉴。"①新形势下，针对我国药品生产流通过程中制药企业仍然存在的"多、少、散、乱、低"现象，各地必须进一步以三明市为榜样，积极借鉴三明医改的成功经验，探索适合自己地区的医药改革路线，切实解决人民群众看病难、看病贵问题。

（四）加强医院高质量发展

加强医院的医德医风建设，做好医院的管理监督工作，是解决看病难、看病贵问题的重要举措。2021年2月，习近平总书记主持召开中央全面深化改革委员会第十八次会议，审议通过了《关于推动公立医院高质量发展的意见》。国家选择了14家大型高水平公立医院开展高质量发展试点，推动医疗技术和医院管理升级换代。其中医院管理升级换代的一个重要方向，就是要坚持以病人为中心的服务理念。医院在经营管理中要充分考虑群众的就医便捷程度和经济承受能力，本着为群众着想的原则，更好地

---

① 《从"以治病为中心"到"以健康为中心"——三明医改在前行》，《人民日报》2021年7月11日。

满足群众的医疗需求。对此，各医院响应国家总体部署要求，积极推动医院管理综合改革，并取得了显著成效。北京协和医院在科学排班增加号源的基础上，通过各种政策倾斜提高各科室医生的积极性，大大提高了看病效率。同时，医院推出"线下门诊、线上咨询、热线电话"三位一体的门诊服务模式，分流患者，看病难问题得到很大程度缓解。北京市各医院为了提高服务效率，积极推行错峰办理住院手续、病区动态管理等，方便患者入院就医。同时，通过落实医改医联体的工作，落实分级诊疗，努力疏通看病就医"堵点"，完善双向转诊和绿色通道，看病难、看病贵状况得到很大程度改善。新形势下，要进一步加强医院，尤其是公立医院的管理建设，帮助其树立"以病人为中心"的服务理念，改善医院就诊流程，降低医院运营成本，释放改革的红利，纾解群众看病难、看病贵问题。

十七

如何做到老有所养？

提高养老院服务质量，关系2亿多老年人口特别是4000多万失能半失能老年人的晚年幸福，也关系他们子女工作生活，是涉及人民生活质量的大事。

按照国际惯例，当一个国家或地区60岁以上的老年人口占人口总数的10%，或65岁以上的老年人口占人口总数的7%，即意味着这个国家或地区处于老龄化社会。2001年，我国开始进入老龄化社会。截至2023年末，我国60岁及以上人口29697万人，占全国人口的21.1%，其中65岁及以上人口21676万人，占全国人口的15.4%。老有所养、老有所依、老有所乐始终是我们党治国理政的重要目标。在社会发展的过程中，国家提升社会生产力，推动老龄事业和产业高质量发展，构建和完善兜底性普惠型的养老服务体系，满足老年人日益增长的多样化、高品质的健康养老需求。但是，我们必须清晰地意识到，在养老保障与服务上，供需矛盾仍未得到有效解决，在养老方面还存在一些群众不满意的地方。只有不断结合发展的实际，全面深化养老保障制度改革，构建完善的养老保障体系，才能有效推进养老事业和产业高质量发展，才能最终实现老有所养的目标，推动社会的和谐、稳定与发展。

（一）老有所养是每个人的期盼

我国在养老保障方面还存在不足。与中青年相比，老年人在社会生活中面临着更多的风险和困难，需要特殊的关怀与保障。最初，这种关怀与保障主要来自家人。遵守孝道、赡养老人一直是中华民族的优良传统。《孝经》提道："夫孝，德之本也，教之由所生也。"意思是，孝道是一切道德的根本，是一切教育的起点。"百善孝为先"，作为子女，赡养父母等老人不仅是一种责任，也是一种义务。随着时代变迁，由于人口结构变化、生活压力增大等多种因素叠加，家庭在养老方面的功能开始弱化，特别是一些困难家庭和独生子女家庭养老问题日益突出。目前，独生子女家庭已经成为一个庞大的群体，"双独"夫妻需赡养4位老人的现象屡见不鲜。在某社交平台名为"独生子女父母养老交流组织"小组中，"需要多少存款才能保障父母生病治疗费用""父母在广州，父亲得了肠癌，楼主是独生女，37岁单身未婚，如何照料老人"等关涉"90"后独生子女父母养老求助的话题讨论颇热。一位昵称为"深海鱼"的网友曾言，作为一位两岁孩子的妈妈，家庭一个月的花销在17000元左右，如遇父母患重病，其境况不敢想象。为了更好地保障老年人的利益，给予老年人更好的物质与精神保障，我们需要在发挥家庭的养老功能和作用的基础上，充分调动政府、社会等多元力量参与，构建好养老防护网、安全网。

我国还需不断加强制度建设。我们要实现老有所养的目标需从保障和服务两方面共同入手，但是就现实的状况来看，这两方面各自存在着不同的问题，制约了养老事业和产业的发展。从养老保障方面来看，我国从1997年开始实施职工基本养老保险, 2009年又开始逐步实施城乡居民基本养老保险, 2015年机关事业单位开始实施养老金制度改革, 公职人员纳入职工基本养老保险……①但是缴费基数不统一等问题, 导致现行基本养老金制度的公平性还存在不足, 保险基金的可持续性问题亟待解决。从养老服务方面来看, 供需的结构性矛盾依然存在, 能够满足老年人居家就近养老、医养结合等需求的"大养老"格局还未实现。我们要解决养老过程中遇到的不平衡、不充分的矛盾, 提升相关资源的配置效率, 就迫切需要加强制度建设和整体设计。

我们要特别关注农村的养老问题, 加快补齐农村养老服务短板。由于农村老年人家族观念、故土观念比较重, 所以部分人不愿离开家乡养老, 希望叶落归根, 更愿意选择居家养老。但是我们必须清楚意识到, 首先, 随着经济的发展, 虽然农村居民收入不断增加, 但是, 相较于城镇居民收入, 农村居民收入依然偏低, 这就可能导致农村老年人用于养老服务的费用不足。其次, 虽然国家连续上调养老金, 但就现阶段来看, 城乡老年人的养老金水平差异明显。一些农村的老年人患病后, 有相当一部分医疗费用需要自己负担, 这导致农村的老年人在养老方面存在后顾之忧。最后, 在推进城镇化的过程中, 越来越多的农村青壮年劳动

① 何文炯:《老有所养: 更加平衡、更加充分》,《国家行政学院学报》2017年第6期。

力流向城镇，农村的空心化现象严重。因此，相较于城镇，农村老年人享受卫生、医疗、照护等服务则需要承担更高的成本。截至2022年末，全国"农村社区养老服务机构和设施23.2万个"，"农村特困人员救助供养434.5万人，其中60周岁及以上老年人345.5万人"①。我们必须对农村的养老问题予以高度的重视。

（二）全面推动养老事业和养老产业实现高质量发展

孝敬老人一直是中华民族的传统美德。党的十八大以来，各级党委和政府担负相应的责任，采取各种措施，确保老年人能够享受幸福、美满的老年生活。"提高养老院服务质量，关系2亿多老年人口特别是4000多万失能半失能老年人的晚年幸福，也关系他们子女工作生活，是涉及人民生活质量的大事。"②党的二十届三中全会提出实施积极应对人口老龄化国家战略，并明确了完善发展养老事业和养老产业政策机制的目标任务。面对65岁及以上老年人口超2亿、占总人口的比例超15%的现实状况，在未来的国家建设中，我们要全面推进养老事业和养老产业实现高质量发展，不断提升老年人的满足感、幸福感。

---

① 中华人民共和国民政部：《2022年度国家老龄事业发展公告》。
② 《为了最美夕阳红——习近平总书记牵挂的民生事之"老有所养"篇》，《人民日报》2019年8月11日。

我们必须不断推动养老事业和养老产业向规范化、标准化方向发展。随着老年人口增多，我国老龄化趋势日益明显，"无规矩不成方圆"，我们要想提高养老基本公共服务的质量和水平，真正实现老有所养的目标，就必须不断在规范化标准化建设上下功夫。为此，各级党委和政府进行了有效的部署安排。一是不断深化"放管服"改革。遵循全面深化改革的目标任务，按照国务院办公厅《关于全面放开养老服务市场 提升养老服务质量的若干意见》和民政部等13部门印发的《关于加快推进养老服务业放管服改革的通知》等文件的要求，各地通过不断简化养老机构的登记手续和提供一站式服务等举措，促进养老事业和养老产业高质量发展。为了应对人口老龄化问题，自2021年以来，云南省保山市隆阳区政府通过安排项目资金的方式，撬动社会资本投入150余万元，同时，探索"物业＋养老"模式，督促引导物业公司注册登记养老服务公司并完成养老机构备案，满足了社区居民的居家养老服务需求，推动了养老事业和养老产业发展。二是强化制度保障。中共中央、国务院印发《国家标准化发展纲要》，卫生健康委办公厅、民政部办公厅、国家中医药局综合司联合印发《关于严禁养老机构违法违规开展医疗服务的通知》等文件，其中就养老事业和养老产业的发展指明了底线、红线，并通过强化监督管理，避免了不公平竞争，有利于防范和消除影响养老产业高质量发展的一些安全隐患。另外，政府通过全面推进基本医疗保险全民参保计划、深化基本养老保险制度改革等措施扩大了养老服务的覆盖面。三是贯彻落实相关的支持政策,并作出明确的安排。面对养老服务需求日益增多的现实状况,为了守护好老年人的生命安全与身体健康,政府通过给予养老服务机构土地、金融与财政等方面的政策支持,激发养老服务业发展活力。2022年6月,上海市民政局等九部门联合发布了《上海市扶持养老机构纾困发展的若干政策措施》,规定:"对养老机构(按事业单位登记的除外)不裁员少裁员的,按照养老机构申请时上月按规定缴纳城镇职工社会保险费人数计算,给予每人600元一次性稳岗补贴,每户机构补贴上限300万元,鼓励养老机构稳岗留岗。"政府采取发放稳岗补贴等措施,有效缓解了养老机构遇到的困难。在未来的发展中,我们要通过标准化制度化建设,逐步实现养老基本公共服务均等化。

政府要多策并举,持续增强养老基本公共服务供给能力。养老事业和养老产业的发展是一个系统性的工程,需要综合施策。一是要加强基础设施建设。加快养老基础设施建设是提升老年人幸福感、安全感,实现老有所养目标的基石。江西省抚州市南丰县通过将办公用房、学校、医院中一些闲置的建筑改造成养老服务中心、敬老院等养老服务机构,为当地老年人提供用餐、活动的场所。这不仅节约了资源,也满足了老年人的养老需求,推动了养老服务事业的发展。我们要加强康复医院、护理院等养老服务机构的建设，优化基本养老服务供给，不断推进无障碍环境建设和公共设施适老化改造。二是要畅通养老服务信息。受信息不对称等影响，老年人对于养老服

抚州市南丰县桔乡提升农村养老服务　打造晚年幸福驿站（图源：南丰县人民政府网站）

务的办理流程、注意事项等知之甚少，有时很容易陷入"养老服务"的陷阱。为了有效应对此类问题，河南省信阳市注重养老信息平台建设，积极探索"互联网+"模式。2020年，信阳市投入194万元建立联通市、县、乡、村的四级养老服务信息网络平台。在此平台上，人们可实现政府、市场、居民信息互通，有效解决了养老信息需求与供应间的矛盾。因此，我们要进一步加强养老服务平台建设，扩展老年人获取身边养老信息的途径。三是要满足多元需求。在做好基本服务的基础上，政府要在老年助餐服务、老年医学、文化娱乐、精神慰藉、医养结合等多方面实现养老服务齐头并进。其中，要特别注重加强养老科技研发应用，以智慧化数字化推动养老服务产业的转型升级。截至2023年4月底，广州市60周岁及以上老年人口超200万，老龄化与高龄化、空巢化、失能化、家庭小型化等问题叠加，使得养老服务呈现需

上海市虹口区举办"不落幕的老博会",市民在家门口体验智慧健康养老(图源:上海市民政局网站)

求大且多元的现象。为此,广州市通过建设独居老人、空巢老人、失能老人等关爱服务体系,为居家老年人提供护理康复等服务,实现了养老服务的延伸,满足了多元化的养老服务需求。

从最初的养儿防老到逐步健全的养老服务体系,养老逐步从以家庭为单位转化为家庭、政府、机构、社会等多元主体共同参与。新时代新征程,我们高度关注与尊重老年群体,实施积极应对人口老龄化国家战略,通过提高城乡居民基础养老金、发展社区支持的居家养老、扩大普惠养老服务等,不断满足他们对美好生活的向往,从而真正实现老有所养、老有所依的目标。

十八

如何应对数字化转型给老年人带来的挑战？

民生金句

要适应人民期待和需求，加快信息化服务普及，降低应用成本，为老百姓提供用得上、用得起、用得好的信息服务，让亿万人民在共享互联网发展成果上有更多获得感。

数字化转型与人口老龄化是目前影响我国经济社会发展的重要因素。数字经济发展、智能设备的使用为人们生活带来便利的同时，也使老年人面临"数字鸿沟"，即数字化转型给老年人日常生活带来了潜在挑战。当前，随着科技进步和相关产业的迅速发展，电子科技产品及相关技术更新迭代的速度越来越快，大多数人在逐步适应并享受数字技术为生活带来的便利。

与此同时，由于老年人群体对新事物的认知能力有限接受程度较低，并存在观念冲突、固有习惯依赖、智能指令输入效率较低等问题，其所面临的数字困境问题日益凸显。日常生活中的手机支付、网上购物以及线上挂号等看似稀松平常的数字服务，却给处于互联网边缘的部分老年人带来了不同程度的不便。

如何协助老年人应对出行难、办事难、购物难、就医难等在日常生活中频频遭遇的数字难题，使老年人在数字化转型的潮流中共享科技发展的红利，不仅关乎民生，也关乎国家治理能力现代化的有序推进。因此，我们必须正视"数字鸿沟"产生的主客观原因，促进"科技适老"相关政策的有效落地，优化基本养老服务供给，培育社区养老服务机构，鼓励和引导企业等社会力量积极参与，切实保障老年群体能够真正享受数字化服务带来的便利。

（一）完善顶层设计，凝聚政策共识

近年来，党中央深刻把握信息化条件下社会建设的特点和规律，高度重视老年人的权益保护工作，全方位实施"积极应对人口老龄化"的国家战略，引导开展一系列互联网应用适老化改造专项行动，确保老年人更好地共享信息化、数字化领域的发展成果。

2020年11月，国务院办公厅印发《关于切实解决老年人运用智能技术困难的实施方案》；2021年4月，工业和信息化部发布《互联网网站适老化通用设计规范》《移动互联网应用（App）适老化通用设计规范》，明确了互联网网站和应用程序适老化设计、改造的技术要求。2021年11月，中共中央、国务院发布《关于加强新时代老龄工作的意见》，为全党全国全社会共同做好新时代老龄工作提供了基本遵循。2023年，中共中央、国务院印发《数字中国建设整体布局规划》，并将"数字社会精准化普惠化便捷化取得显著成效"作为2025数字中国建设的主要目标，从顶层设计的角度为老年人应对数字化转型的相关挑战奠定了基调。2024年的《政府工作报告》首次提出要"加强健康、养老等民生科技研发应用"；国务院2024年的1号文件《关于发展银发经济 增进老年人福祉的意见》中把"打造智慧健康养老新业态"

《国务院办公厅关于发展银发经济 增进老年人福祉的意见》

作为一项重要任务目标，为破解老年人数字化难题指明了方向。

当前在市场经济发展的大环境中，部分地方政府的工作重心为宏观经济发展。受技术、资金等多种因素的限制，政府难以兼顾科技适老改造等关怀政策的有效执行。要想真正协助老年人应对好数字化转型带来的挑战，我们必须在完善顶层设计的同时，广泛增强多方执行能力，加深对相关政策的理解、落实，强化多方协同、凝聚政策共识，从而更好地在发展中保障和改善民生。对于地方政府而言，必须深入调查研究，坚持精准思维和问题导向，充分重视当地老年人群体面临的数字困境，将其当作关乎民生的社会问题来解决，明确适老政策执行的权责分工，提高执行成效；对于相关企业而言，应紧扣相关政策，找到助力政策落地的切入点，针对特定问题开展靶向技术研发与公益设计，生产适老化产品与服务，主动承担适老助老的社会责任；对于社会公民而言，应提高主体责任意识，消除老年人在家庭、邻里、社区中遇到的数字鸿沟，为其提供力所能及的引导与帮助。

（二）精准解决老年人主观因素导致的"数字鸿沟"问题

当前，老年人面临"数字鸿沟"、智能困境的原因多种多样，大致可划分为由客观因素导致的硬件缺失以及由老年人主观因素导致的认知障碍。近年来，随着"数字乡村"建设不断推进，农村网络覆盖率提高，各类智能电子产品的门槛降低、价格也愈发亲民，客观硬件因素对老年人跨越数字鸿沟的制约力减弱。但随着老年人年龄增长，其对各类智能产品与新鲜事物的接受度低，赶不上技术更新迭代的速度，存在一系列由思维习惯刻板、适应能力差等因素导致的认知与操作困境。因此，我们必须聚焦老年群体的主观体验，协助老年人尽力消除其在数字空间中的疏离感和被排斥感，倡导数字包容。

破解"不想用"的习惯鸿沟。基于老年群体常年固有的生活与认知习惯，数字化产品与服务同老年人日常生活的交集甚少，加之对复杂操作指令抱有抵触和畏难情绪，缺少年轻人的指导与帮助等，致使部分老年人存在学习动力不足、固守现状等主观意愿问题。此外，由于消费理念的代际差距，始终秉持勤俭节约优良品德的老年群体往往会对智能电子产品上千元的价码报以"天价"认知，并将其同以往几分钱、几毛钱就能满足电话沟通需求的低成本产品进行比较，从而产生落差感，进而对数字化转型后的生活方式望而却步。是否选择数字生活、融入数字社会是个人的自由选择，不可强人所难。然而，对于因经济困难导致的处于数字化边缘的老年人群，政府应牵头组织助老惠老的公益行动，提供更多兼具性能与价格优势的优质适老产品，将老年人融入数字生活所需的服务开支透明化、公开化，打消老年群体在费用支出方面的潜在顾虑。

缓解"不会用"的能力鸿沟。随着年龄增长，老年人普遍存在记忆力下降、学习效率低、感官机能衰退等现象。有的由于健忘而记不住智能产品的操作流程，有的由于不会用拼音等输入法而只能缓慢手写，有的由于眼睛老花而看不清楚智能屏幕上的小字……种种与用户数字素养和操作能力相关的因素导致老年人容易放弃使用智能设备，进而造成各种"办事难"。要解决这类能力鸿沟问题，我们必须根据老年群体的实际情况，同镇街、村（社区）、养老院等单位加强合作，建立老年人智能技术教育相关的活动基地，有序组织志愿者开展老年人数字素养提升与教育培训。2022年，中共福建省委老干部局通过开辟老年教育新媒体电视平台、开设"智慧学堂"、建立智能技术应用教育培训机构等措施，使全省超过14万老年群众得到智能技术培训服务，"智慧助老"行动取得成效。基于老年群体的特殊性，全社会必须弘扬敬老爱老的传统美德，争取点对点沟通、手把手引导，为老年人群体答疑解惑，提高老年人在数字社会中的参与感和获得感。

消解"不敢用"的思维鸿沟。除了使用意愿不强、操作能力较弱等主观因素，老年人不敢犯错、担心受骗的思维模式也是造成数字困境的一重阻碍。近年来，电信网络诈骗形式层出不穷，诈骗团伙甚至会根据人们的"数字画像"和思维弱点定制诈骗"套路"，不仅年轻人难以辨明，老年群体也更是防不胜防。在各类反诈宣传的影响下，老年人在未知的网络空间和数字平台上如履薄冰，担心被骗，怕给儿女造成麻烦和负担。此外，由于智能设备操作指令的复杂性，老年人操作不当可能会导致设备不响应，加上电子产品偶有宕机、卡顿等情况发生，未能获得及时帮助的老年人群，如空巢老人等，便面临特殊情况处理乏力的状况，这也进一步加深了老年人不敢探索、害怕犯错的思维鸿沟。对于诸如此类的"不敢用"问题，我们要做到保障性服务下沉到位，发挥好各社区网格员的督导作用，使当地老年群众能够有效安装使用国家反诈中心客户端；要健全针对老年群体的智能服务保障体系，为老年人保留智能服务人工咨询专线、村镇或社区服务窗口等，及时解决老年人在数字空间中遇到的困难。

国家反诈中心客户端界面

十九

如何解决电信网络诈骗问题？

要坚持以人民为中心，统筹发展和安全，强化系统观念、法治思维，注重源头治理、综合治理，坚持齐抓共管、群防群治，全面落实打防管控各项措施和金融、通信、互联网等行业监管主体责任，加强法律制度建设，加强社会宣传教育防范，推进国际执法合作，坚决遏制此类犯罪多发高发态势，为建设更高水平的平安中国、法治中国作出新的更大的贡献。

随着移动互联网和信息技术的飞速发展，电信网络诈骗犯罪已经成为当前发展增速较快、涉及范围较广、人民群众反映最强烈的犯罪类型。公安部数据显示，2023年全国公安机关在"云剑""净边""净网""昆仑""断卡""猎狐""团圆"等专项行动中破获电信网络诈骗案件39.1万起，抓获犯罪嫌疑人7.9万名，其中包括诈骗集团幕后"金主"、头目和骨干263名。公安机关捣毁一大批境外诈骗窝点，抓获犯罪嫌疑人3000余名，使得电信网络诈骗犯罪上升势头得到了有效遏制，有效维护了人民群众的财产与人身安全。虽然公安机关对电信网络诈骗犯罪打击力度不断加大，但是电信网络诈骗犯罪在GOIP设备、伪基站、云资源化等智能技术的掩蔽下，诈骗工具隐蔽性更强、诈骗要素更难甄别、诈骗手法迷惑性更大，在整体上逐步呈现出涉案金额大、发案率高、方式变化快、空间跨度大和危害性大等特征，严重侵害了人民群众的利益，给社会稳定与国家安全带来了极大隐患。习近平总书记曾指出："要坚持以人民为中心，统筹发展和安全，强化系统观念、法治思维，注重源头治理、综合治理，坚持齐抓共管、群防群治，全面落实打防管控各项措施和金融、通信、互联网等行业监管主体责任，加强法律制度建设，加强社会宣传教育防范，推进国际执法合作，坚决遏制此类犯罪多发高发态势，为建设更高水平的平安中国、法治中国作出新的更大的贡献。"①

---

① 《坚持以人民为中心　全面落实打防管控措施　坚决遏制电信网络诈骗犯罪多发高发态势》，《人民日报》2021年4月10日。

反诈工作已经成为我国打击涉网违法犯罪的头等大事，如何解决好电信网络诈骗问题，也成了推进公共安全治理的重要环节和推进国家治理体系和治理能力现代化的应有之义。

（一）坚持依法治理

依法治理是治理电信网络诈骗违法犯罪的基本方式。2022年9月2日，第十三届全国人民代表大会常务委员会第三十六次会议通过《中华人民共和国反电信网络诈骗法》，自2022年12月1日正式施行。它是我国第一部专门、系统、完备规范反电信网络诈骗的法律，是党中央部署打击治理电信网络诈骗工作的标志性成果，也是从制度上遏制、打击电信网络诈骗犯罪的成功探索和具体实践。由于电信网络诈骗具有虚拟性、隐蔽性和多样性特点，虽然相关法律不断修改完善，但犯罪分子依然可以利用其中的漏洞乘虚而入。部分诈骗犯罪分子利用被害人想兼职刷单赚钱的想法，通过网页、社交软件等渠道发布兼职广告，冒充专业人士，谎称具有特殊资源渠道获取高额回报，诱导被害人下载虚假App、

《中华人民共和国反电信网络诈骗法》

缴纳会费、先行垫付等，使受害人掉入诈骗陷阱。因此，我们要加快侦破电信网络诈骗案件，全方位、立体化立法立规，加快研究出台相关配套制度，构建系统完备、科学规范、行之有效的治理电信网络诈骗的法律体系，逐步弥补我国在电信网络诈骗方面相关法律法规的漏洞。同时，针对电信网络诈骗及其关联违法犯罪行为，各部门要严格执行相关法律法规，会同全国各地司法机关、公安机关协同解决电信网络诈骗问题，充分发挥法治作用，守护好人民群众的"钱袋子"。

（二）坚持综合治理

综合治理是防范与打击电信网络诈骗的重要手段。电信网络诈骗犯罪多发高发，表明了我国在社会治理与网络治理层面还存在不足。2022年4月21日，在最高人民检察院发布的打击治理电信网络诈骗及关联犯罪典型案例中，刘某峰等37人诈骗案的犯罪分子以组建网络游戏情侣为名引诱玩家高额充值骗取钱款，是一种新型的"游戏托"诈骗方式；魏某双等60人诈骗案的犯罪分子以投资虚拟货币为名，搭建虚假交易平台跨境实施电信网络诈骗，骗取700余名被害人1.2亿余元；徐某等6人侵犯公民个人信息案中，电信部门代理商和劳务公司内部人员相互勾结，利用工作便利，非法采集务工人员身份证、人脸识别信息激活手机卡，并被用于电信网络诈骗犯罪。上述犯罪形式不仅催生了大量黑灰色产业链，严重危害民众财产安全、扰乱正常生产生活秩序，还会影响国家形象、动摇社会稳定、侵蚀社会根基，严重破坏了社会平稳运行的基本规则和道德底线。因此，针对此类电信网络诈骗犯罪，我们必须坚持系统观念，落实以防为主、打防结合的指导方针，通过打击治理，进一步明确职责、完善机制、规范管理、主动服务，坚决遏制犯罪高发态势，用压降发案、挽回损失的实际成效，进一步提升社会治理能力。

（三）深化源头治理

"消未起之患，治未病之疾，医之于无事之前。"源头治理是打击电信网络诈骗最有效的手段之一。电信网络诈骗多数以银行卡、电话卡等通信媒介为基础工具，以跨境数据通信技术、通知类短信技术、短网址服务技术等为基础技术，通过多种渠道发布信息对受害人实行"量身定制"的诈骗行为，让受害人毫无防备地掉入陷阱。2023年，云南省昆明市官渡区的翟某某、高某某、章某某等"卡商"以做电话卡兼职的名义在微信群发布有偿办卡的信息，引诱他人办卡并收售电话卡；蹇某某、何某某二人通过翟某某等人收上来的电话卡操作手机搭载录音线等设备进行电信网络诈骗，给被害人造成重大损失。打击电信网络诈骗要深化源头治理，强化对电信网络诈骗犯罪的全链条打击与源头治理，注重通过智能大数据深挖孤立事件背后的相关线索，以线索移送、监察建议等方式推进多方监督，实现源头治理，达到多效合一。同时，针对有组织性贩卡、虚拟账户层层隐匿交易，我们要适时更新完善相关法律法规，对"两卡"犯罪（非法买卖电话卡、银行卡）加大打击力度，明确相关企业运营者的权责划分，对其管理漏洞和风险点及时督促整改，建立常态化联合监管机制，及时处置各行业、领域内存在的安全风险和管理漏洞，形成网络空间整治合力，变"亡羊补牢"为"未雨绸缪"。

（四）坚持协同治理

电信网络诈骗作为一种新型网络犯罪，不仅具有辐射源普遍、上下游产业化、链条化突出的特点，而且存在多样性和跨区域性等特征。2015年至2016年，张某某等52人先后在印度尼西亚共和国和肯尼亚共和国对中国大陆居民进行电信网络诈骗。他们通过"有快递未签收""经查询护照签证即将过期""将被限制出境""身份信息可能遭泄露"等借口对大陆居民的手机和座机电话进行语音群呼，欺骗被害人转账、汇款至指定账户。至案发时，张某某等被告人通过上述诈骗手段骗取75名被害人钱款，共计人民币2300余万元。这一类型跨国诈骗大案具有打击难度大、成本高的特点，要求我们从社会综合治理大局出发，加强电信网络诈骗协同治理，形成多部门、多行业广泛参与的防控网络体系。其一，发动多元主体广泛参与治理，形成政府、企业、社会组织与公民个人协同参与治理的"四方协同"局面，营造全民全社会协同治理的氛围。其二，强化行业治理，压实主体责任，依托联席会议制度，加强行业监管；同时，以行业技术优势联动构建电信网络诈骗犯罪防范体系，形成反诈长效治理机制。其三，公安机关要不断提高侦破电信网络诈骗犯罪的能力，加强侦查打击电信网络诈骗犯罪专业化队伍建设，整合各级公安机关内部专业力量，提升协作意识，形成上下联动、互为支撑的一体化打击治理犯罪新格局。

（五）坚持全方位反诈宣传

打击治理电信网络诈骗违法犯罪，是建设平安中国的题中之义。《中华人民共和国反电信网络诈骗法》第八条明确规定："各级人民政府和有关部门应当加强反电信网络诈骗宣传，普及相关法律和知识，提高公众对各类电信网络诈骗方式的防骗意识和识骗能力。"当前，尽管各地公安机关的反诈宣传力度不断加大，但是电信网络诈骗犹如"斩不断"的野草，依然野蛮生长。究其原因，一方面是由于部分群众心理因素作祟，心存侥幸，拒绝安装国家反诈中心客户端等；另一方面部分宣传内容刻板枯燥，群众无法入脑入心，导致了电信网络诈骗"有机可乘"。因此，在对反电信网络诈骗进行宣传时，首先要疏导群众思想情绪，以幽默风趣、平易近人、温和教育的方式缓解群众对公安工作的抵触情绪，拉近和群众的距离，真正将反诈工作落到实处。其次，要丰富宣传方式，利用新媒体，以更灵活的方式、更多元的内容吸引受众，触动受众。有些地区的公安机关在反诈方面已取得成效。上海市公安局静安分局开办"法制夜市"，安徽省合肥市蜀山区南七街道打造"反诈长廊、反诈射灯、反诈路墩、反诈墙绘、反诈志愿联盟"等"花式反诈"宣传活动，南京市公安局高淳分局开展反诈预警套餐"宅急送"精准上门等。最后，要加大宣传力度，聚焦重点群众、重点

合肥市蜀山区举办"预防诈骗你我同行"主题文艺汇演（图源：蜀山区人民政府网站）

行业，加大对辖区内旅馆业、物流业、网吧等违法犯罪容易滋生的场所和行业的管理力度，增强从业者对典型网络诈骗的防范意识，引导其时刻提高警惕并积极举报违法犯罪行为，全面挤压违法犯罪空间。

二十

老百姓的"钱袋子" 如何鼓起来？

民生金句

高质量发展需要高素质劳动者，只有促进共同富裕，提高城乡居民收入，提升人力资本，才能提高全要素生产率，夯实高质量发展的动力基础。

经济工作是党和国家的中心工作，做好经济工作是治国理政的重大任务。党的十八大以来，以习近平同志为核心的党中央不断将马克思主义基本原理同中国具体实际相结合，取得了脱贫攻坚战的伟大胜利，在14亿多人口的中国实现了消除绝对贫困的伟大壮举，促使中国经济发展取得了具有里程碑意义的历史性成就。2024年中央经济工作会议强调："促进居民收入增长和经济增长同步。"这为如何使老百姓的"钱袋子"鼓起来指明了方向。

（一）激发内在原动力，坚定群众致富的勇气和决心

提升群众的内生动力，是强化主体地位、提高自我发展能力的必要途径。只有提升职业技能和创新创业能力，我们才能有效解决群众就业问题，拓宽群众增收渠道。

消除贫困、改善民生、实现共同富裕，是社会主义的本质要求。党的十八大以来，以习近平同志为核心的党中央把脱贫攻坚作为全面建成小康社会的底线任务。2018年6月，中共中央、国务院《关于打赢脱贫攻坚战三年行动的指导意见》中提出要在贫困地区大力开展移风易俗活动，强化乡风文明建设。乡风文明建设旨在教育引导贫困群众弘扬传统美德、树立文明新风。2018年10月，国务院扶贫办会同12部门联合印发《关于开

展扶贫扶志行动的意见》，强调要采取相应的有效措施，帮助贫困群众增强脱贫致富的信心和勇气，鼓励各地通过开展宣传教育工作，调动贫困

全国大力实施"乡村文明行动"，推动农村喜事新办

群众脱贫积极性。2021年2月，全国脱贫攻坚总结表彰大会在北京人民大会堂隆重举行，在全国弘扬"上下同心、尽锐出战、精准务实、开拓创新、攻坚克难、不负人民"的脱贫攻坚精神，对获得全国脱贫攻坚楷模荣誉称号的同志和集体进行表彰，其中包括致富带头人毛相林等10名同志。此外，国务院扶贫办依托各大媒体平台推出重点新闻报道，广泛宣传脱贫攻坚中的典型人物及先进事迹，以此激发群众自力更生的内在动力。

自扶贫扶志行动实施以来，各地以多种宣传教育形式强化贫困群众思想教育工作，破除其"等靠要"思想。多地建设了乡镇文化站、农村电影放映厅、乡村图书阅览室等，基层公共文化供给内容更加丰富多样；通过开展宣传教育或评选活动等方式，用群众更易接受的喜闻乐见的方式，向其传授新时代的文化常识、科学技术，帮助其建立健康文明的生活方式，增强其对社会主义

核心价值观的理解和认同。只有促进人民群众的思想现代化，群众才能自觉主动发挥创造性，实现脱贫致富。

（二）以新质生产力为引擎，助力现代化产业体系建设

传统生产力容纳的是土地、劳动力和资本等传统生产要素，在带动人民群众创业增收方面，维度较为单一。随着网络信息技术、大数据等新生产要素的出现，我们需要升级创造新的生产力形式。习近平总书记指出："新质生产力是创新起主导作用，摆脱传统经济增长方式、生产力发展路径，具有高科技、高效能、高质量特征，符合新发展理念的先进生产力质态。它由技术革命性突破、生产要素创新性配置、产业深度转型升级而催生，以劳动者、劳动资料、劳动对象及其优化组合的跃升为基本内涵，以全要素生产率大幅提升为核心标志，特点是创新，关键在质优，本质是先进生产力。"[1]这意味着，新质生产力是促进高质量发展的重要动力，而高质量发展又是转变发展方式、促进经济持续增长的重要保障。2024年中央经济工作会议强调，"以科技创新引领新质生产力发展，建设现代化产业体系。加强基础研究和关键核心技术攻关，超前布局重大科技项目，开展新技术新产品新场

---

[1] 《发展新质生产力是推动高质量发展的内在要求和重要着力点》，《求是》2024年第11期。

景大规模应用示范行动"，使新质生产力成为推动现代化产业体系建设的内在动力源泉，为群众创业增收提供更多可能。

当前，人工智能、大数据等高新技术产业是形成和发展新质生产力的重要领域。2024年3月5日，第十四届全国人民代表大会第二次会议召开，听取并审议了国务院总理李强所作的《政府工作报告》。《政府工作报告》提出制定支持数字经济高质量发展政策，积极推进数字产业化、产业数字化，促进数字技术和实体经济深度融合。深化大数据、人工智能等研发应用，开展"人工智能+"行动，打造具有国际竞争力的数字产业集群。

近年来，各地方政府根据本地经济特点和优势，出台了相应的人工智能发展支持政策。2022年12月28日，四川省成都市新经济发展委员会等四部门联合印发了《成都市新一代人工智能产业发展规划（2022—2025）》，意在加快人工智能产业集群化建设。2023年5月31日，深圳市印发《深圳市加快推动人工智能高质量发展高水平应用行动方案（2023—2024年）》，实施组建千亿级人工智能基金群等一系列

第二十五届中国国际高新技术成果交易会在深圳举行。图为AI水下机器人（图源：视觉中国）

举措。至今，各地市基本实现了对人工智能产业从政策到资金的全方位支持。高新技术产业的蓬勃发展，有利于直接创造大量高技术含量、高人力资源附加值的岗位需求，特别是伴随生产效率的提升和市场竞争能力的增强，可以更加充分体现劳动者的劳动价值，这是促进高质量充分就业的必要条件。

（三）完善再分配制度，推动共同富裕

共同富裕是中国特色社会主义的本质要求，收入公平分配是共同富裕的首要内涵。初次分配，一般是指生产成果在劳动、资本、技术、管理等要素之间，按贡献份额进行分配的过程；再分配是指国家通过税收、财政转移支付、各类社会保障和社会救助等方式对初次分配结果进行调节的过程。通常来说，如果初次分配后的基尼系数仍然不小，那么我们可以通过再分配的手段将基尼系数调节到合理的范围。习近平总书记在党的二十大报告中强调："分配制度是促进共同富裕的基础性制度。"习近平总书记的重要论述，为新时代新征程促进共同富裕指明了前进方向，提供了根本遵循。

一是加快健全覆盖全民的多层次社会保障体系，稳步提高社会保障水平。多年来，我国总体实现了基本养老保险和基本医疗保险在制度上的全覆盖，尤其是2018年以来，我国建立企业职

工基本养老保险基金中央调剂制度,从而提高统筹层次,均衡地区间企业职工基本养老保险基金负担,实现基本养老保险制度可持续发展,确保各地养老金按时足额发放。2021年9月,河北省依据"十四五"规划编制工作安排,印发了《河北省社会保障体系"十四五"规划》。此外,河北省建立了覆盖城乡各类人群的社会保障体系,全省参加基本养老保险的城镇职工、失业保险人员、工伤保险人员等数量大幅度增长,初步实现了社会保障全覆盖的目标。同时,河北省进一步完善了企业职工基本养老保险省级统筹制度,河北省人民政府的财政支出大多用于社会保障。2014年开始,河北省打破了城乡分割的养老保险制度,把城镇居民养老保险制度和新型农村养老保险制度合并实施,建立城乡居民统一养老保险制度,并通过不断改革实现了跨省异地就医直接结算,有力地增强了社会保障体系的公平性。

二是加大对相对贫困地区转移支付支持力度,落实落细各项民生保障措施。近年来,我国推进转移支付制度改革,大幅提高一般性转移支付在整体转移支付中的占比,相应降低专项转移支付在整体转移支付中的占比,赋予地方在转移支付资金使用方面更充分的自主权。此外,除了通过国家财政体系间接调节地区发展差距,我国还广泛应用对口支援等措施,建立了具有中国特色的、地方之间直接的横向转移支付机制。根据现行《革命老区转移支付资金管理办法》的规定,从2019年起,中央财政将山东省全部革命老区县纳入革命老区转移支付范围，通过各项资金安排，大力支持当地农业生产和水利基础设施建设等，并对脱贫攻坚任务较重的深度贫困革命老区县和巩固脱贫成果任务相对较重的贫困革命老区县进一步倾斜支持，主要资金用于支持这些地区村内小型生产性公益设施建设。这既促进了贫困革命老区建设发展，又进一步改善了老区群众的生活水平。

三是培育发展慈善组织，发挥慈善在扶贫济困等方面的作用。党的十九届四中全会《决定》提出，"重视发挥第三次分配作用，发展慈善等社会公益事业"。"十四五"规划纲要对"发挥慈善等第三次分配作用""优化社会救助和慈善制度"作出了具体部署。近年来，江苏省南京市鼓楼区重视社会组织的参与性和协同性，因地制宜地培育了一大批扎根社区、富有活力、管理规范的公益社会组织。鼓楼区社会组织发展中心先后培育孵化了10余个智障精障残疾人托养、农民工子女关爱、社区特困人员家庭矛盾调解等方面的公益组织，开展了大量扶贫济困行动，有效促进了公益事业的长足发展，对于帮扶低收入人群和促进社会资源在不同群体之间均衡流动意义非凡。

二十一

怎样让老百姓敢消费？

民生金句

建立和完善扩大居民消费的长效机制，使居民有稳定收入能消费、没有后顾之忧敢消费、消费环境优获得感强愿消费。

当前，我国经济运行总体平稳、稳中有进，高质量发展扎实推进，但外部环境变化带来的不利影响加深，我国经济运行仍面临许多困难和挑战，主要表现为国内需求不足等。习近平总书记指出："建立和完善扩大居民消费的长效机制，使居民有稳定收入能消费、没有后顾之忧敢消费、消费环境优获得感强愿消费。"①消费与生产、流通、分配相连，在经济增长中发挥着重要的作用，是推动经济发展的重要引擎。要想经济"火起来"，消费必先"暖起来"。我们要千方百计地增强老百姓消费的底气、能力与意愿，多措并举扩大内需，形成强大的国内市场，构建新发展格局，全面深化经济领域改革，实现高质量发展。

（一）消费在推动经济发展中发挥着重要的作用

激活消费市场是加快构建新发展格局、推动经济持续回升向好的必然要求。在经济学的研究视域中，投资、出口和消费是推动经济发展、拉动经济增长的"三驾马车"。改革开放以来，依靠投资、出口和消费"三驾马车"拉动，我们实现了经济的快速发展。近年来，消费对经济增长的贡献率不断提升，消费对经济发展的拉动作用明显。要增强经济发展韧性，推动经济持续回升

---

① 习近平：《加快构建新发展格局 增强发展的安全性主动权》，《人民日报》2023年2月2日。

向好，着力扩大有效需求，发挥消费推动经济增长的"压舱石"作用就变得尤为重要。2021年消费成为推动我国经济增长的主要驱动力，最终消费支出对经济增长的贡献率达到65.4%。这标志着我国经济增长的模式正逐渐由投资拉动向消费驱动转变。面对纷繁复杂的国际国内形势，影响经济发展的不稳定性、不确定性因素增多，我们只有统筹好总供给和总需求的关系，疏通制约消费需求的堵点，完善扩大消费长效机制，激活老百姓的消费潜能，才能进一步发挥消费对经济的支撑作用，畅通国民经济循环，扎实推动高质量发展。

消费与生产、流通、分配相连，不仅是社会再生产的终点，也是新一轮社会再生产的起点，是老百姓对美好生活向往的重要体现。党的十九大报告中指出："中国特色社会主义进入新时代，我国社会主要矛盾已经转化为人民日益增长的美好生活需要和不平衡不充分的发展之间的矛盾。"随着经济的发展，老百姓的消费需求从原来柴米油盐的基本供给逐步转向了对品质生活的追求。在青海省海南藏族自治州，过去柴米油盐等生活必需品是老百姓购物最主要的选择，但随着收入增加、生活水平提高，老百姓的消费趋于个性化、多样化，逛书吧、健身、旅游等成为当地老百姓"必备"的休闲生活方式。根据国际相关经验，当一国的人均国内生产总值（GDP）超8000美元后，消费者对消费品质的要求会显著提升。从2019年开始，我国人均国内生产总值已超1

万美元，"这也意味着中国居民消费升级将进入一个升级换代的新时期"①。在未来的发展中，我们要完善消费市场，打造更多的精品优品，以满足人民日益增长的美好生活需要。

我们要全面促消费，建构全国统一大市场，提升中国经济的国际竞争力。在过去的几十年中，出口、投资是支撑我国经济发展的重要支柱，特别是自2001年中国加入世界贸易组织以来，进出口占GDP比例最高达到了8.66%。"但是近十年以来，随着我国制造业成本的攀升以及东南亚等地区制造业的发展，我国制造业有一部分转移到了其他地区，进出口及投资占GDP比例逐步减少，尤其在2018年自中美贸易摩擦产生以后，进出口占比更是降到了0.77%的历史低点。在这种情况下，我国GDP增长必须寻找另外一个持久可靠的增长点，消费成为拉动经济主攻方向。"②为了推动经济实现更好的发展，党中央提出，我们要逐步形成以国内大循环为主体、国内国际双循环相互促进的新发展格局。在事物的发展过程中，内因是起决定性作用的因素。因此，要构建好新发展格局，就需从自身抓起，把握好"主场"，坚持"以国内大循环为主体"，加快培育完整的内需体系。唯有如此，我们才能在更深层次和更高水平上参与国际合作，更好地融入全球产业链、供应链、价值链，形成竞争新优势。

---

① 文赢哲：《论推动形成强大国内市场》，《大陆桥视野》2021年第9期。
② 余德彪、秦海林：《激活消费新动能 助力经济新增长》，《经济》2022年第8期。

（二）牵住促消费的"牛鼻子"，助力经济回暖升温

消费是经济发展的持久动力。当前，全国消费市场回暖势头明显。我们必须统筹规划、多策并举，推动消费市场有序恢复，巩固和增强经济回升向好态势，让老百姓敢消费、愿意消费。

第一，要让老百姓的"钱袋子"鼓起来，增加敢消费的底气。要让老百姓敢消费，最重要的是提升老百姓的消费能力，大力提振消费。收入是消费的基础和前提，当前可支配收入增多、未来收入预期乐观时，老百姓的消费就会增加；反之，老百姓就会节制当前消费。2023年第一季度，人社部等11个部门联合开展了"春风行动暨就业援助月活动"，通过举办5.8万场次的各类招聘活动，发布了3800万个岗位……随着一系列稳定预期收入措施的落实落地，2023年第一季度，社会消费品零售总额114922亿元，同比增长5.8%。居民收入增长与经济增长的"齐头并进"，让老百姓能够共享

湖北省2023年"春风行动暨就业援助月"活动招聘会现场（图源：湖北省人民政府门户网站）

经济发展带来的红利，提振消费信心。同时，收入差距影响着社会的总体消费水平。当收入差距过大时，社会整体的消费需求降低，长此以往，不仅会导致社会总体消费水平降低，还会进一步影响经济发展的质量和水平。通过精准扶贫、乡村振兴、协调区域发展、完善税收调节机制等举措，城乡、区域和行业之间的收入分配差距逐步缩小，老百姓的消费潜力得到了有效的释放。为了进一步巩固消费恢复势头，我们要完善就业优先政策，健全高质量充分就业促进机制，完善就业公共服务体系，着力解决结构性就业矛盾，增加就业机会，解决好就业问题；实施重点领域、重点行业、城乡基层和中小微企业就业支持计划；完善收入分配制度，提高居民收入在国民收入分配中的比重，多渠道增加城乡居民收入，稳步推动中低收入群体增收减负；完善城乡融合发展体制机制，激发消费潜能，不断提升老百姓的消费能力。

第二，要营造良好的消费大环境。从整体上来看，我国消费发展长期向好的基本面没有改变，消费市场依旧呈现出韧性强、潜力足的特点。为了进一步释放消费潜力、促进消费提档升级，我们还需不断改善消费环境，激发居民消费潜力。一是要积极做好稳投资的相关工作。投资在优化供给结构、促进消费、补齐民生短板等方面发挥着保障支撑作用。为了促进经济回暖复苏，推动经济社会高质量发展，2022年西藏自治区拉萨市先后启动"助企惠民·悦享消费"消费券送不停活动和"助企惠民·乐购拉萨"消费促进系列举措，投入资金总计7760万元，总拉动消费近2.68亿元，有效扩大了内需，极大地激发了城市的消费潜力。政府投资和政策激励要有效带动全社会投资。我们要在确保政府投资力度不减的基础上，通过优化组合财政赤字、专项债、贴息等工具，更好地发挥政府投资的带动放大效应，从而引导更多资金投向经济社会发展的重点领域与薄弱环节。二是要以消费城市的培育、建设为契机，推动消费转型升级。发展夜间经济是释放消费潜力、推动消费扩容升级的重要举措。2021年重庆市获批率先开展国际消费中心城市培育建设。以此为契机，重庆市将推动夜间经济的高质量发展纳入国际消费城市的培育与建设之中，并以"不夜重庆"为主题，多次举办文化节、生活节。2022年，重庆市推出近200场夜间特色主题活动，超20万户商家参与，吸引市民游客超1.6亿人次，带动销售额超73亿元，"不夜重庆"

成为一张靓丽的城市名片。要以国家的《关于培育建设国际消费中心城市的指导意见》等文件为遵循，推动打造上海、北京、重庆、杭州等不同层

第二届山水重庆夜景文化节（图源：重庆市文化和旅游发展委员会网站）

次的消费中心城市，为拉动经济增长、民众消费提供新引擎、新动力，做大做强国内市场。三是维护好消费市场秩序。提振居民消费信心，就需要构建一个讲诚信、能让老百姓放心的消费环境。近几年，湖北省神农架林区通过强化执法监管、健全以游客为中心的旅游服务质量管理体系等一系列有效举措，不断优化旅游环境，赢得了游客的好评。在发展中，一方面要通过制定完善《中华人民共和国民法典》《中华人民共和国消费者权益保护法》《中华人民共和国旅游法》等一系列法律法规，维护消费者的合法权益；另一方面，提升监管能力和水平，通过强化监督检查、加强行政指导等，确保市场的正常秩序与行业的健康发展，筑牢消费安全防线。

第三，要不断提升老百姓的消费意愿。随着经济的发展，老百姓的生活水平日益提升，消费也随之进入了一个追求多样化、个性化的时代。为此，我们要从供给端入手，把实施扩大内需战略同深化供给侧结构性改革有机结合起来，优化供给，生产更多能够满足老百姓多元需求的、适销对路的产品。我们要在智能家居、文娱旅游等能够释放消费潜力的重点领域着重发力；畅通物流渠道，方便老百姓消费。随着消费水平和层次不断提升，老百姓更加重视消费体验，对物流速度等提出了更高的要求。近几年，河北省石家庄市充分发挥国家一级铁路物流基地、陆港型国家物流枢纽的区位优势，通过打造国际物流大通道，推动物流提速降本，带给老百姓更好的消费体验。我们要深入实施国家综合货运枢纽建设，完善流通体制，加快发展物联网，降低全社会物流成本，其中，特别要加强农村和一些偏远地区的商业网点开发与建设，完善物流网络，构建好城乡一体化的消费市场。

老百姓的消费习惯发生变化，越来越多的消费方式由线下转为线上。我们要打通线下消费与线上消费的梗阻点，打造直播电商、即时零售等更多消费新模式、新业态，创造消费新需求。2022年"双十二"大促期间，新疆维吾尔自治区本土电商企业和线下实体企业纷纷推出满减、秒杀等各类优惠、促销活动，并通过直播、小程序、线上商城等方式，推动了消费市场持续升温。12月12日，阿克苏市疆域干果店的"新疆核桃哥"米尔扎提·喀米力，当天仅直播半个小时就卖出200单。

改革开放以来，我国消费市场的规模不断扩大，内需对经济增长的拉动作用日益稳固。我们必须深化新时代做好经济工作的规律性认识，把恢复和扩大消费摆在优先位置，实施提振消费专项行动，用好"组合拳"，真正让人民群众能消费、敢消费、愿消费。

二十二

如何提高公共服务水平？

民生金句

着力解决好人民群众急难愁盼问题，健全基本公共服务体系，提高公共服务水平，增强均衡性和可及性，扎实推进共同富裕。

民之所盼，政之所向。党的二十大报告指出："为民造福是立党为公、执政为民的本质要求。必须坚持在发展中保障和改善民生，鼓励共同奋斗创造美好生活，不断实现人民对美好生活的向往。"健全公共服务体系，努力提升基本公共服务质量和水平，从而不断满足群众品质化、多样化的美好生活需求，增进全体人民在共建共享发展中的获得感，并为全体人民走向共同富裕奠定坚实基础。

（一）提升公共服务水平是满足人民群众对美好生活向往的必然要求

"治国有常，利民为本。"加快提升公共服务水平是我们践行党的初心使命、坚守人民立场的应有之义，是促进社会公平正义、扎实推进共同富裕的重要举措，对促进人的自由全面发展和社会进步和谐稳定，增强人民群众的获得感、幸福感、安全感，具有十分重要的意义。

中国特色社会主义进入新时代，我国社会的主要矛盾发生重大变化，人民群众的需求呈现出多样化多层次多方面的特点，既有对物质享受的追求，又有对更好的教育、更稳定的工作、更满意的收入、更可靠的社会保障、更高水平的医疗卫生服务、更舒适的居住条件、更富足的精神文化生活的期待。公共服务关乎民生，连接民心，为人民群众提供比较充裕的公共产品和优质高效的公共服务，是一个国家和政府的重要职责。近年来，我国高度重视基本公共服务的健全和完善工作，加快推进基本公共服务项目建设，聚焦老少边穷地区、弱势群体、特殊人群等，并取得显著成效。但同时我们也要看到，随着我国经济进入新的发展阶段，人民群众对公共服务的需求也会发生变化。当前，我国公共服务建设存在一些薄弱环节，公共服务总体供给、布局结构、制度建设亟须进一步优化和改善，城乡之间差距依然明显、公共服务质量有待提高，"信息孤岛"和"部门壁垒"等阻碍公共服务供给、影响服务效率，公共服务供给主体单一、缺乏合力支撑，在托幼、上学、就医、养老、停车、居住环境、社会自治等方面，公共服务质量和水平与群众期待的目标存在不小差距。为此，我们需要进一步加强基本公共服务体系建设，着力解决人民群众最关心最直接最现实的利益问题，着力解决增进民生福祉发展中面临的总体不平衡不充分、服务供给能力和效果有待提升、体制机制有待改革等问题，集中全力做好基础性兜底性普惠性民生建设，实现基本公共服务供给体系的整体优化，更好地满足人民群众对美好生活的向往。

（二）着力推进基本公共服务均等化

我们要立足经济社会长远发展及保障和改善民生的高度，着力补齐民生短板，破解民生难题，兜牢民生底线。基本公共服务均等化有助于缩小收入差距、城乡差距和区域差距，在幼有所育、学有所教、劳有所得、病有所医、老有所养、住有所居、弱有所扶方面持续取得新进展，让人民群众能公平地共享改革发展和现代化建设的实践成果。

基本公共服务均等化是人民群众共享现代化发展成果的重要举措，是推进共同富裕的重要抓手。党的十八大以来，我国公共服务体系日益健全完善，基本民生底线不断筑牢兜实，公共服务供给水平全面提升，人民群众多层次多样化的需求得到更好满足，但同时我们也要认识到，公共服务领域依然存在发展不平衡不充分的问题，要逐步缩小城乡间、区域间、群体间的基本公共服务差距，进一步提升基本公共服务均等化水平。提升公共服务均等化水平，要着力在持续保障和改善民生方面，在幼有所育、学有所教、劳有所得、病有所医、老有所养、住有所居、弱有所扶上取得实质性进展，使人民群众的获得感、幸福感、安全感更加充实、更有保障、更可持续。浙江省丽水市缙云县"缙情帮"，通过全方位精准识别、全周期帮扶直达、全维度多元保障，成为浙江省医保局在病贫共济领域的先行试点。截至2022年10月底，已实现就医全人群检测；防贫基金支出97万元，吸引企业捐助35万元。2021年，缙云县新增支出型因病困难户较2020年下降76.19%；对1.5万余名困难人员主动标识，困难

缙云县医保防贫管理系统（图源："缙云组工"微信公众号）

人员医保目录内用药为95%以上，年度个人自付医疗费用降低1225.56万元，占比减少12.13%。缙云县医保局通过与水滴公司合作，联合当地的财政、民政、卫健、农业农村、残联、红十字会、慈善总会等部门单位协力合作共同打造，开发搭建了一站式救助平台，多渠道发现、识别、救助困难大病人群，构建了政府主导、多方参与的多层次医疗保障体系，有效破解了"共富"路上因病致贫返贫难题。

推进基本公共服务均等化，一方面，我们要以标准化促进基本公共服务均等化，建立基本公共服务标准，对各地各级政府形成一种制度化的约束力，以统一标准做好区域内公共服务建设，让全体居民都能公平地享有基本公共服务，逐步缩小城乡差距、区域差距。另一方面，以城乡一体化补齐基层短板，调动各方力量积极参与基层公共服务建设，统筹整合文化、卫生、教育、民政、社会保障、就业等行业资源，带动城市优质教育、医疗、文化资源向基层辐射和延伸，着力促进城乡协同发展，缩小城乡基本公共服务差距，使人民群众在共建共治共享中不断提升获得感、幸福感和安全感。

（三）着力健全公共服务优质共享机制

"十四五"规划将"健全国家公共服务制度体系"单独列为一章，提出加快补齐基本公共服务短板，着力增强非基本公共服务弱项，努力提升公共服务质量和水平。公共服务优质共享和高质量发展是人民至上的充分体现，是提升人民群众幸福感的必由之路，也是经济持续健康发展的重要保障。

提供优质共享的公共服务是彰显中国特色社会主义制度优越性的应有之义。各地区各部门聚焦人民最关心最直接最现实的利益问题，打出政策"组合拳"，扎实推进城乡基本公共服务均等化建设，加快补齐偏远落后地区公共服务短板，促进服务资源向基层延伸、向农村覆盖、向边远地区和生活困难群众倾斜。社会保障网越扩越大越织越密，一个个贴近民生、直击痛点的举措，转化为老百姓心中满满的获得感。以浙江省公共服务优势共享实践为例，杭州市盘活闲散资源，以嵌入式体育场地建设的"关

杭州市洋溪街道溧宁高速新安江大桥下的洋安体育健身中心（图源：杭州市体育局网站）

键小事"，撬动全民健康的"头等要事"。2022年，杭州市建成以"三大球""三小球"和门球为重点的嵌入式体育场地设施2243片，面积78.9万平方米，覆盖全市所有乡镇街道。该项工程坚持系统观念、立足全局，从整体出发、做好工作统筹，将项目建设与老旧小区改造、闲置空间利用、城乡环境综合治理等工作同步推进，从而有效避免了重复建设，大大提升了工作成效。

同时，杭州市注重因地制宜，推动实践创新，针对存量改造项目推出"豁免审批"改革，减免报批环节，极大地简化了工作流程；针对"异形空间""微小空间"，制定非标准场地建设技术规范，打通制约用地的"堵点"。此外，以数字技术赋能，推出精准服务，将嵌入式场地设施与亚运场馆数据资源有机结合，打造"亚运场馆在线"服务平台，为群众提供一屏全览的数字健身地图，并分级分类精准有效地进行预约、办理等，使人民群众实现一屏感知、一键互联、一步智达。

我们要进一步健全公共服务优质共享机制，一方面，要在调查研究中深入群众、深入基层,精准把握城乡居民多样化、差异化和品质化的公共服务需求,坚持尽力而为、量力而行,办好就业、教育、社保、医疗、养老、托幼、住房等民生实事,提高公共服务可及性和均等化水平。

另一方面,推动公共服务数字化改革,尤其是紧紧抓住人民最关心最直接最现实的利益问题,以数字赋能推进公共服务供给创新,完善优质公共服务资源统筹共享机制,打造符合实际、具有辨识度的特色应用平台,更高质量地推进公共服务的标准化、均等化、智慧化。

二十三

如何解决小微企业
和个体工商户的发展问题？

民生金句

　　要继续实施积极的财政政策和稳健的货币政策，延续、优化、完善并落实好减税降费政策，发挥总量和结构性货币政策工具作用，大力支持科技创新、实体经济和中小微企业发展。

习近平总书记高度重视民营经济发展，多次作出重要指示，2023年3月7日，在民建、工商联界联组会上发表重要讲话，强调："党中央始终坚持'两个毫不动摇'、'三个没有变'，始终把民营企业和民营企业家当作自己人。要引导民营企业和民营企业家正确理解党中央方针政策，增强信心、轻装上阵、大胆发展，实现民营经济健康发展、高质量发展。"①党的十八大以来，以习近平同志为核心的党中央鼓励和支持民营经济发展，先后出台一系列政策举措，着力为个体工商户和小微企业解决急难愁盼问题，仅2022年，国家层面出台支持中小微企业的政策就有40多项，带动省级出台的配套政策文件270多个。此外，我国通过持续推进"放管服"改革，出台了一系列普惠性纾困政策，有力促进了民营经济，尤其是小微企业和个体工商户发展，但受纷繁复杂的国内外环境及客观因素影响，小微企业、个体工商户生产经营仍面临一些困难，需要切实做好推进其健康发展的政策引导和制度保障工作，从而促使小微企业、个体工商户在保障和改善民生，及促进经济持续健康发展、社会和谐稳定方面发挥重要作用。

---

① 《正确引导民营经济健康发展高质量发展》，《人民日报》2023年3月7日。

（一）小微企业和个体工商户是稳经济的重要基础、稳就业的主力支撑

小微企业、个体工商户是市场经济中最具活力的细胞，在繁荣经济、吸纳就业、改善民生、促进创新等方面发挥重要作用。2018年11月1日，习近平总书记在民营企业座谈会上说："民营经济是我国经济制度的内在要素，民营企业和民营企业家是我们自己人。"①

小微企业、个体工商户在推动社会主义市场经济发展繁荣的进程中发挥着不可替代的作用，是推进供给侧结构性改革、推动高质量发展、建设现代化经济体系的重要主体。波谲云诡的国际形势和艰巨繁重的国内发展任务，加之新冠肺炎疫情冲击，我国经济发展面临更多的不确定不稳定性因素，民营企业尤其是小微企业和个体工商

汉服工厂内女工正在为衣服缝制绣花

① 习近平：《在民营企业座谈会上的讲话》，新华社2018年11月1日。

户发展面临挑战，在市场需求、产权保护、生产经营等方面存在一系列问题。同时，当前全球迎来新一轮科技革命和产业变革的浪潮，能否在国际竞争中适应和引领数字化发展，能否通过数字化赋能企业转型发展是民营企业未来发展亟须解决的问题。小微企业、个体工商户抗风险能力较弱，对市场变化比较敏感，在经济波动中受到的冲击最大，但往往复苏也最快。基于此，我们必须给予民营企业更大力度的政策支持和制度保障，充分利用现代信息技术手段，不断探索民营经济健康发展高质量发展的新路，激发民营企业的创新创造活力，为全面建设社会主义现代国家提供力量支持。

（二）加大对小微企业和个体工商户的政策支持力度

2024年中央经济工作会议强调，实施重点领域、重点行业、城乡基层和中小微企业就业支持计划，促进重点群体就业。小微企业和个体工商户作为我国经济社会发展的生力军，是国民经济运行的毛细血管，是扩大就业、改善民生、促进创业创新的重要力量，在推进民营企业又好又快发展时，国家要加大对小微企业和个体工商户的政策支持力度。

小微企业和个体工商户是数量最多的市场主体，必须保护好、发展好，为经济发展留住青山、厚植基础。"要把构建亲清政商关系落到实处，为民营企业和民营企业家排忧解难，让他们放开手脚，轻装上阵，专心致志搞发展。"①政策出台之前，国家要深入了解小微企业和个体工商户面临的共性和个性问题，确保政策红利惠及市场主体，增强小微企业和个体工商户的获得感，坚定发展信心。党的十八大以来，以习近平同志为核心的党中央高度重视民营企业尤其是小微企业和个体工商户的发展问题，相继出台各项政策措施，助力解决企业发展中遇到的急难愁盼问题。2022年以来，各地区各部门密集出台民营企业纾困政策。中国人民银行等六部门发文，加大对小微企业贷款延期还本付息支持力度；国资委部署做好服务业小微企业和个体工商户房屋租金减免工作；人力资源和社会保障部等四部门扩大阶段性缓缴社会保险费政策实施范围，从实施纾困帮扶政策、缓解招聘用工难题，到优化营商环境、放宽民间投资市场准入，再到健全以公平为核心原则的产权保护制度等，一项项惠企政策助力小微企业和个体工商户破解难题取得实效。江苏省苏州市吴江区是我国重要的制造业基地，集聚了一批民营高新技术企业、创新型中小企业。近年来，当地政府相继推出促进科技创新、强化金融支撑、助力降本减负等多方面政策措施，从纺织产业到先进材料、从装备制造到高端装备、从电子信息

---

① 《正确引导民营经济健康发展高质量发展》，《人民日报》2023年3月7日。

到新一代信息技术;从单纯的产品销售到装备服务一体化供应商……利好政策不断加码之下,吴江区中小企业克服诸多挑战和困难,实现了经济较快增长,展现了民营企业的发展韧性。总体来看,小微企业和个体工商户总体上在市场竞争中处于弱势,国家的政策支持不能中断,必须进一步落实"六稳""六保"政策、大力支持小微企业、个体工商户发展,做好纾困惠企工作,让广大小微企业、个体工商户在前行的路上底气更足,继续激发小微企业、个体工商户的活力,为经济高质量发展注入澎湃动力。

(三)优化营商环境"软"实力,提升小微企业和个体工商户发展"硬"实力

小微企业和个体工商户是百姓就业创业的"蓄水池",良好健康的营商环境是增强小微企业和个体工商户发展信心、内生动力的关键所在。近年来,我国营商环境明显改善,但仍存在一些短板和薄弱环节,亟须坚持问题导向,进一步聚焦小微企业和个体工商户关心的问题,既立足当前又着眼长远,加强公正监管,严格落实公平竞争审查制度,对各类市场主体一视同仁,打造市场化法治化国际化营商环境。

小微企业、个体工商户抗风险能力比较弱,任何一点风雨都

威海市政务服务深化"一次办好"改革（图源：威海市人民政府网站）

可能对其造成巨大影响。基于此，我们才更要为其打基础、利长远，营造公正平等、有序健康的营商环境。其一，优化营商环境，关键在于提升政务服务水平。2022年，山东省威海市面向中小微企业和个体工商户，谋划推出37个优化营商环境"关键一招"，推动更多政务服务事项"一门式"办理、"一站式"服务，企业办事"扫码办""刷脸办"，大大提升了政务服务水平。国家电网威海供电公司为解决小微企业办电"延降等"难题，采取扩展低压电网接入容量、推行行业扩工程投资界面延伸等措施，实现了小微企业和个体工商户电力接入零投资，降低了小微企业和个体工商户的经营成本。此外，国家电网威海供电公司还以数字科技赋能小微企业高质量发展，为其提供"刷脸办""零证办"等智能化服务，告别"人等电"实现"电等人"，大大提升了小微企业在办电方面的获得感。其二，优化营商环境，着力提升中小微企业和个体工商户的核心竞争力。深入开展中小企业数字化赋能专项行动。习近平总书记强调："有能力、有条件的民营企业要加强自主创新，在推进科技自立自强和科技成果转化中发挥更大作用。"①山东省滨州市邹平市高新街道办事处大力实施"惠企暖心"工程，持续鼓励引导百余家民营企业在节能改造、智能自动化、数字科技方面加大投入，通过科技研发和技术改造，在新能源、新材料等重点领域创新取得新突破，带动更多专精特新中小企业发展，促进县域经济高质量发展。营商环境是影响经济增长和民生福祉的重要因素，提振经营主体发展信心要聚焦个体工商户在生产经营中的痛点、难点、堵点问题，打出系列帮扶"组合拳"。一方面，我们要强化制度支撑，释放制度红利，不断健全和完善竞争政策和竞争评估制度，确保各类市场主体平等参与市场竞争，为个体工商户和小微企业平等地参与市场竞争提供制度保障；另一方面，加快构建高效服务体系，及时回应需求，精准施策、稳企赋能，精简市场准入行政审批事项，深化"放管服"改革，推进数字化转型，提升电子政务的优化整合力度，打造协同高效的服务体系。

---

① 《正确引导民营经济健康发展高质量发展》，《人民日报》2023年3月7日。

二十四

如何保护文化遗产？

历史文化遗产承载着中华民族的基因和血脉，不仅属于我们这一代人，也属于子孙万代。要敬畏历史、敬畏文化、敬畏生态，全面保护好历史文化遗产，统筹好旅游发展、特色经营、古城保护，筑牢文物安全底线，守护好前人留给我们的宝贵财富。

文化是一个国家、一个民族的灵魂,文化遗产是中华文明绵延传承的生动见证,保护、利用、传承好文化遗产,对坚定文化自信、建设中华民族现代文明具有重要意义。习近平总书记指出:"历史文化遗产是不可再生、不可替代的宝贵资源,要始终把保护放在第一位。"①党的十八大以来,以习近平同志为核心的党中央十分重视文化遗产保护工作,多次就文化遗产保护工作作出重要部署,中共中央办公厅、国务院办公厅先后印发《关于实施中华优秀传统文化传承发展工程的意见》《关于加强文物保护利用改革的若干意见》《关于进一步加强非物质文化遗产保护工作的意见》《关于推进新时代古籍工作的意见》等文件,为新时代加强历史文化遗产保护、增强文化自信提供了科学指引。

(一)文化遗产保护深刻影响着当下和未来

文化遗产是不可再生的珍贵文化资源,是中华民族生生不息发展壮大的实物见证,是展现国家文明形象的"金名片"。习近平总书记强调:"文物和文化遗产承载着中华民族的基因和血脉,是不可再生、不可替代的中华优秀文明资源。要让更多文物和文

---

① 《习近平在山西考察时强调:全面建成小康社会 乘势而上书写新时代中国特色社会主义新篇章》,《人民日报》2020年5月13日。

化遗产活起来，营造传承中华文明的浓厚社会氛围。要积极推进文物保护利用和文化遗产保护传承，挖掘文物和文化遗产的多重价值，传播更多承载中华文化、中国精神的价值符号和文化产品。"①文物和文化遗产不仅生动映照着过去，也深刻影响着当下和未来。新时代新征程，我们必须大力加强历史文化遗产保护利用，不断提升文物保护利用管理水平，赓续历史文脉，促进我国文化事业蓬勃发展。

做好文化遗产的传承和保护工作对于满足人民的精神文化需求、提升国家文化软实力和中华文化影响力具有重要意义。文化强国建设，需国家文化软实力显著增强。加大文物和文化遗产保护力度，加强城乡建设中历史文化保护传承，建好用好国家文化公园。中国特色社会主义进入新时代以来，随着物质生活水平提高，人民对精神文化生活的需求也日益增长。从文化遗产保护工作来看，新时代更好地满足人民多样化、多元化的精神生活需求，就是要推动文物保护利用成果更多更公平惠及全体人民，平衡好文化遗产保护、研究、传承利用三者之间的关系。也就是说，未来文化遗产保护工作，要在做好文物保护工作的基础上，充分发掘文物背后蕴含的多重价值，顺应新时代新要求，不断改进传承弘扬文化遗产的方式方法，借助互联网、3D技术、数

---

① 《把中国文明历史研究引向深入 推动增强历史自觉坚定文化自信》，《人民日报》2022年5月29日。

字化赋能等让"冷冰冰"的文物走进公众视野，不断激活其生命力，最大限度地促进文物事业发展，为广大人民群众提供更丰富的精神文化服务。

（二）不断加强对文物保护工作的顶层设计和规划部署

党的十八大以来，习近平总书记立足于党的事业薪火相传和中华民族永续发展的战略高度，多次提及文化遗产保护工作，并强调："历史文化遗产承载着中华民族的基因和血脉，不仅属于我们这一代人，也属于子孙万代。要敬畏历史、敬畏文化、敬畏生态，全面保护好历史文化遗产，统筹好旅游发展、特色经营、古城保护，筑牢文物安全底线，守护好前人留给我们的宝贵财富。"[①]新时代以来，我们党高度重视文物保护利用和文化遗产保护传承，不断加强对文物保护工作的顶层设计和规划部署，文物保护利用和文化遗产保护得到很大发展，取得显著成效。

考古"出圈"，多角度展现中华文明风采。新时代以来，我国文化遗产保护传承弘扬成效显著，推动中华优秀传统文化实现创造性转化创新性发展，文化遗产进一步"活起来"，衍生的系列文创绽放出无数奇思妙想，让高冷的文物变得时尚有温

[①] 中共中央党史和文献研究院编：《习近平关于社会主义精神文明建设论述摘编》，中央文献出版社2022年版，第235页。

度。2024年，广东省深圳市举行了第十七届文博会，各种融合传统文化与现代科技、时尚特色的"新国潮"产品登场，数字科技不断赋予传统文化遗产新生命。总台央视新闻频道推出"考古界顶流"三星堆遗址直播特别节目，"连拆6个盲盒"，从黄金面具残片、龙形器、象牙尊到牙雕、玉琮，对其进行时时报道、全景呈现，赢得千万网友在线"沉浸式"追剧；此外，四川省文物考古研究院、三星堆博物馆联合推出了堆堆Live《我怎么这么好看》MV，将三星堆文物原创手绘动画和最新发掘现场视频相结合，以Rap的形式呈现三星堆历史与故事，又一次吸引了大众的目光。人民日报新媒体制作发布了《文物音乐会版达拉崩吧》视频，视频中文物们不再是待在博物馆里高冷的存在，而是能说会唱还能来个冷幽默的"活宝"，这一创意赢得了网民的好评。河南博物院推出"考古盲盒"，将文物跟"潮玩"概念结合，把青铜器、元宝、铜佛、铜鉴、银牌等"微缩文物"藏进土中，让大众最大限度地体验从挖掘、清理到拼摆、粘接、修缮等文物发掘修复过程，切实感受文物所承载的历史厚重感。再如，《了不起的考古发现》《国家宝藏》《中国考古大会》《典籍里的中国》《中国国宝大会》《上新了·故宫》《我在故宫修文物》一个又一个文博类节目以新颖的视角和创意来呈现，唤醒了观众内心深处的文化认同感与民族自豪感，观众的文化自信心正在不断增强。

科技赋能，"智慧"守护文化遗产。历史文化遗产承载着厚

重的历史文明，是一个国家和民族历史文化成就的重要标志。当前科技迅猛发展，为我们更好地守护文化遗产提供了新的契机，以

广西文旅元宇宙（图源：广西壮族自治区文化和旅游厅网站）

当今之技术，观古人之生活，有效缩短今人与古人之间的距离。2022年广西文化旅游发展大会，设立"元游广西　触见未来"文旅元宇宙体验展区，通过数字化技术，虚实结合，给游客带来身临其境的沉浸式体验。再如，甘肃省莫高窟利用VR技术使九色鹿"飞入实景"，找到了保护和利用文化的平衡点。通过虚实结合技术，民众利用手机AR地图与飘逸灵动的飞天、栩栩如生的九色鹿进行互动。莫高窟创造了一个虚拟世界，实现了"窟内文物窟外看"的新突破。河南博物院推出黑科技"AR弹幕"服务，游客在观赏文物的同时，点进"国宝AR发弹幕"就能直接用AR扫描对着线下文物打卡，实时发送弹幕表达自己的感想，同时可以与其他游客在线交流互动，在虚拟世界中实现"到此一游"。山西省太原市天龙山石窟博物馆是太原地区保存东魏、北齐、隋唐时期地上文化遗存最丰富、最完整的区域之一，为全国重点文

物保护单位。近年来，它通过实施天龙山石窟数字复原项目，实现了大部分流失海外造像的数字化复原，以实体与数字相结合的展陈方式，让观众获得了更为完整的文化体验。"科技＋创意"的模式，不仅打破了实体博物馆的局限性，扩展了博物馆的延伸空间，而且在更大程度上拓展了博物馆的功能，满足了社会大众多层次多方位的需求，以科技赋能生动诠释了文物活化与文化传承。

活化利用，让历史文化和现代文明融为一体。历史文化保护传承，不仅是对历史遗存物质形态的保护，而且通过整合各类历史文化资源，让文物保护成果更多更好地惠及人民群众。以首都北京为例，近年来北京市在推动城市转型发展的同时，将城市改造与文化建设、历史遗产保护相结合，在中轴线修复改造、中心城区小区改造、大运河文化带建设、西山文化带建设等诸多项目上均取得了非常好的成果，北京市的城市建设展现出了绿色发展和多元化发展的新趋势。北京市以尊重历史、传承文化为主基调来规划城市格局和空间布局，在更好地发挥城市功能的同时进行空间改造和再利用，不仅使城市面貌更具历史文化底蕴，而且市民满意度和民生工作效果也有了很大的提升。山西省平遥古城始建于西周宣王时期，以其丰富完整的历史遗存扬名于世。如今，这里密密麻麻分布着约3800处传统民居。2012年，平遥县出台了《平遥古城传统民居保护修缮资金补助项目实施办法》，自项目实施以来,已修缮1000余间民居,补助资金1200余万元,900余居民受益。2015年,该项目荣获联合国教科文组织亚太地区文化遗产保护"优秀项目奖"。再如,"盛唐之都"西安,作为有着3100多年建城史和1100多年建都史的世界历史文化名城,坚持把"古今相映、彰显特色"作为城市规划建设的基本遵循,秦始皇陵、明城墙、大小雁塔、钟鼓楼等众多珍贵遗存得以完整保留,让更多文化遗产留存下来,实现历史文物与现代空间相融共生。

大唐不夜城(图源:视觉中国)

二十五

如何欣赏到更好的文艺作品？

民生金句

　　要牢牢掌握意识形态工作领导权，培育和践行社会主义核心价值观，加强思想道德建设，繁荣发展社会主义文艺，推动文化事业和文化产业发展。

一个时代有一个时代的文艺，"文艺是时代前进的号角，最能代表一个时代的风貌，最能引领一个时代的风气"①。一百多年来，我们党在不断探索、实践中走出了一条以马克思主义为指导、符合中国国情和文化传统、高扬人民性的文艺发展道路，创造出了一系列反映中华民族精神基因和展现中国人民团结奋斗的优秀作品。以表现中国人民反抗帝国主义侵略为主题的《荷花淀》《地道战》《铁道游击队》《黄河大合唱》等作品，深刻展现进步农民和战士形象的《小二黑结婚》《王贵与李香香》《太阳照在桑干河上》等作品，以小视角小切口展现中国社会变迁的《白鹿原》《尘埃落定》《父母爱情》等作品，还有立体展现精准扶贫伟大实践的大型史诗歌舞剧《大地颂歌》等。上述作品通过集中展现中华民族从衰落走向复兴中涌现出的感人肺腑的故事，以独特的表达形式全方位全景式展现了百年中国的伟大变革和巨大成就，书写了中国人民的奋斗之志、创造之力、发展之果。习近平总书记指出："要牢牢掌握意识形态工作领导权，培育和践行社会主义核心价值观，加强思想道德建设，繁荣发展社会主义文艺，推动文化

《白鹿原》

---

① 习近平：《在文艺工作座谈会上的讲话》，《人民日报》2015年10月15日。

事业和文化产业发展。"①明确新时代新征程中文艺工作者肩负的重大使命，为新时代我国文艺事业发展指明了方向。

（一）坚持马克思主义对文化艺术创作的指导地位

马克思主义文艺理论不仅是我们党擘画事业发展蓝图的理论基础，也是我们党探索文化艺术创作、开拓文艺发展道路的旗帜和灵魂。这便内在地决定了我们无论在何时进行文艺创作，都必须坚持马克思主义在意识形态领域中的指导地位，并贯彻到文艺创作的全过程各领域，具体落实到把握方向、创新思维思路、改革体制机制等方面，使坚持和发展马克思主义始终成为文艺创作的主旋律、最强音。2021年，电视剧《觉醒年代》以百年前的大变局为宏阔的历史背景，将新文化运动、五四运动与中国共产党成立三大历史事件相互贯通，对建党这一历史性巨变事件进行多维度、全景式的描绘。该剧讲述了以陈独秀、李大钊等为代表的先贤们九死未悔的革命故事，艺术性地揭示了马克思主义同中国革命实践相结合，以及中国共产党成立的历史必然性。其中蕴含的清醒的历史自觉、坚定的文化自信以及精湛的艺术表达，都值得深思。执着坚定的陈独秀、慷慨侠义的李大钊、包容开放的蔡

---

① 《新时代新思想新征程》，人民出版社、党建读物出版社2019年版，第117页。

元培、执着英勇的陈延年等。因此，在文化创作的过程中，我们坚持马克思主义在意识形态领域的指导地位的同时，秉承"海纳百川，有容乃大"的理念，遵循"善利万物而不争"的原则，发展社会主义先进文化，弘扬革命文化，传承中华优秀传统文化，推动中国特色社会主义文化守正创新、固本开新。同时，还要尊重和遵循文化发展规律。文化艺术表现形式的多样化及大众文化消费的多层次性，使得文化创作主体和消费主体具有多样化的特征，表现为有人喜欢阳春白雪，有人喜欢下里巴人，文艺欣赏呈现出"百花齐放"的特点。这就要求我们尊重文化发展规律，健全文化生态体系，争取在多样化竞争中壮大主流文化，增强其传播效力，进一步辐射社会主流人群。以弘扬主旋律为核心的《仁爱中华》《九千万个我》《山高水长》等影音作品，以"人民楷模"王继才同志守岛事迹为题材的《守岛人》等影视作品，颇受民众喜爱。

（二）坚持以人民为中心的文艺创作导向

习近平总书记指出："源于人民、为了人民、属于人民，是社会主义文艺的根本立场，也是社会主义文艺繁荣发展的动力所在。"①

---

① 习近平：《在中国文联十一大、中国作协十大开幕式上的讲话》，《人民日报》2021年12月15日。

人民性是中国特色社会主义理论体系的鲜明特征，是马克思主义的本质属性。文艺创作的人民性，就是要尊重人民群众在历史进程中的主体性地位，将满足人民精神文化需求作为文艺创作的出发点和落脚点，使文化艺术作品朝着促进人的全面发展、实现人民精神生活共同富裕的方向不断迈进。因此，坚持以人民为中心的创作导向，一方面要突出人民群众在文艺作品中的中心地位，将人民满意不满意作为检验艺术的最高标准，创作更多满足人民文化艺术需求和增强人民精神力量的优秀作品，使文艺作品的"百花园"永远为人民绽放。另一方面，要将人民生活作为文艺作品创作的源头活水。只有在人民群众中汲取丰沛源泉，文艺作品才能汇聚成一部人民的史诗。路遥的《平凡的世界》书写了孙少平、孙少安两兄弟通过辛勤劳作改变命运的故事，反映了乘着改革开放东风的人民群众为了美好生活不懈奋斗的美好愿景。20世纪90年代，以刘震云、池莉等为代表的新写实主义作家，以小人物的奋斗史和致富史来表现党在新的历史时期矢志不渝地改善人民生活的决心，是"文艺为人民服务"的真实写照。因此，文艺工作者要融入人民、品味生活，敏锐捕捉人民群众的喜怒哀乐，

《平凡的世界》

充分了解人民群众的辛勤劳动，自觉与人民同呼吸共命运心连心，才能创作出源自生活而又高于生活的经典艺术作品，使文艺作品蕴藏更为深沉的力量并焕发隽永的魅力。

（三）坚持以正确的方针原则指引文艺创作

文化艺术创作工作在党领导全国人民进行革命、建设和改革实践过程中形成了一些长期坚持的基本原则，如"为人民服务、为社会主义服务的方向和百花齐放、百家争鸣的方针"，"以满足人民精神文化需求为出发点和落脚点"，"中国精神是社会主义文艺的灵魂"等，逐渐形成了一个完整丰富又不断发展的科学理论体系，构建了文化艺术创新的庞大发展空间，为新时代党和国家文化艺术事业繁荣发展提供了科学指引。立足新时代，文艺创新还应遵循以下方针，一是坚持历史性与时代性相统一。在创作观念上，文艺工作者要坚持以大历史观把握发展规律和大势，赓续文脉，映照时代。在创作题材上，热忱描绘新时代新征程的恢宏气象，在时代的脉搏中体悟文化艺术的脉动，使文艺创作展现丰富多彩的生活之美，在时代之变、人民之呼、中国之进中萃取题材，充分彰显中华文化之美、中国精神之美。二是坚持在巩固壮大主流思想舆论的基础上，努力营造自由民主轻松的创作氛围，在多样化的艺术表现形式和创作方法中实现观念和手段相结合、内容和形式相融合的深度创新。三是坚持民族性与世界性相统一。文艺工作者要有开放和包容的胸怀，将中国文艺创作的元素与世界文艺创作的要素相结合，将目光投向世界、投向人类，承百代之流，会当今之变，以博大的胸怀传播当代中国的价值观念、审美旨趣，努力创作更多世界人民喜爱的文化艺术作品。

（四）加强对文艺创作的监管以确保文艺作品的质量

文艺作为社会意识的一种表现形式，能够反作用于社会存在。进步的文艺思潮可以推动文艺事业健康发展，进而提升文艺工作的意识形态效益；而错误的文艺思潮则会阻碍文艺事业健康发展，进而消解文艺工作的意识形态效益。改革开放以来，我国文艺创作迎来了新的春天，产生了大量脍炙人口的优秀作品。在繁华的文艺"百花园"中，存在有数量缺质量、有"高原"缺"高峰"现象，存在千篇一律、快餐式消费等问题。习近平总书记指出："凡此种种都警示我们，文艺不能在市场经济大潮中迷失方向，不能在为什么人的问题上发生偏差，否则文艺就没有生命力。"[①]因此，对于一些相对较为负面的、并非人民大众所喜闻

---

① 习近平：《在文艺工作座谈会上的讲话》，《人民日报》2015年10月15日。

乐见的文艺作品，一方面，我们要加强监管，对文艺创作选题的价值导向等进行严格审查，全方位加强对特殊题材、特定题材的审核把关，确保正确的政治方向、舆论导向、价值取向和审美取向，把好内容关。另一方面，政府要正确引导文艺创作主体创作优质作品，注重对文艺作品的导向引领、价值引领，使文艺创作主体关注文艺评价标准的大众化倾向和时代化特征，以回应人民物质生活和精神需要为创作指引，使文艺作品回归"生活"，回归"本质"。

二十六

如何避免网络暴力发生？

网络空间是亿万民众共同的精神家园。网络空间天朗气清、生态良好，符合人民利益。网络空间乌烟瘴气、生态恶化，不符合人民利益。

所谓"网络暴力"，是指网民利用网络虚拟空间平台，用侮辱性和伤害性的语言对他人进行诽谤或辱骂等言语暴力行为。随着互联网的发

网络暴力猛于虎（图源：视觉中国）

展与普及，网络空间越来越成为中国10亿多网民表达观点的高地。网络世界繁荣发展的同时，我们也面临网络暴力、网络犯罪等治理难题。部分无良网民在匿名"马甲"下利用网络平台散布谣言、挑拨性别对立、披露隐私、发泄情绪等行为，不仅损害个人的权益和尊严，给受害者造成巨大的精神压力和心理创伤，也影响了社会的秩序和风气。习近平总书记指出："互联网不是法外之地。利用网络鼓吹推翻国家政权，煽动宗教极端主义，宣扬民族分裂思想，教唆暴力恐怖活动，等等，这样的行为要坚决制止和打击，决不能任其大行其道。利用网络进行欺诈活动，散布色情材料，进行人身攻击，兜售非法物品，等等，这样的言行也要坚决管控，决不能任其大行其道。没有哪个国家会允许这样的行为泛滥开来。我们要本着对社会负责、对人民负责的态度，依法加强网络空间治理，加强网络内容建设，做强网上正面宣传，培育积极健康、向上向善的网络文化，用社会主义核心价值观和

人类优秀文明成果滋养人心、滋养社会，做到正能量充沛、主旋律高昂，为广大网民特别是青少年营造一个风清气正的网络空间。"①2023年两会期间，一份针对全国3591名受访者进行的《有关网络暴力认知态度网络调查问卷》显示，60%的受访者曾经遭受过网络暴力，近80%的受访者认为治理网络暴力程度为紧急。因此，如何避免网络暴力的发生，构建良好的网络生态，营造风清气正的网络空间，是推动网络文明高质量发展的必答之题。

（一）建立健全网络暴力预警机制

2022年11月，中央网信办印发的《关于切实加强网络暴力治理的通知》指出，网站平台要通过加强内容识别预警、构建网暴技术识别模型、建立涉网暴舆情应急响应机制等强化网暴舆情事前预警措施，做到防微杜渐、防患未然。极端网络暴力事件出现的一个重要原因就是网络平台对网络舆情监控存在滞后性。因此，一方面，网站平台应当明确和细化网络暴力相关内容标准，增强识别和预警的准确性，根据陌生人私信显著增

---

① 习近平：《在网络安全和信息化工作座谈会上的讲话》，《人民日报》2016年4月26日。

加、相关话题热度快速上升、搜索量快速增长、举报频率加大等情况，及时发现网暴异常行为，对攻击性的言论及疑似网暴信息进行必要删减、屏蔽或警告，及时阻断、禁止网络中的定向骚扰。另一方面，网络平台通过设置一键防护功能、优化私信规则、建立快速举报通道等措施强化对网暴当事人的保护，确保对网络暴力信息能够在第一时间予以处置。同时，还要加强对评论环节、重点话题群组和板块、直播及短视频等方面的管理，严防网暴信息传播扩散，全方位保障广大网民的合法权益，维护文明健康的网络环境。

（二）提升网民法治素养与道德修养

现实生活中网民是网络暴力的主要推手。任何可以使用互联网或者移动终端的人都可以通过网络来发表观点，即使他们发表的是不当言论。参与评论互联网点击率较高的热点事件的网民可能是网络暴力的施暴者，也可能是网络暴力的受害者。中国青年报早期在线调查发现：62.6%的受调查者认为主观上恶意制裁别人是网暴者的首要目的，57.4%的受调查者认为出口成脏是网暴者的典型表现，56.8%的受调查者认同不经当事人允许就可以公开他人隐私，54.3%的受调查者认为网暴危害当事人安全，48.2%的受调查者认同对当事人道德品质的质疑，

44.8%的受调查者认同网暴者是随大流。[①]上述数据从侧面折射出网络暴力的发生不仅与监管疏漏有关，而且与网民内在的认知相关。个别网民打着道德的幌子输出恶意情绪，肆无忌惮地进行人身攻击，使网络成为充满戾气的"修罗场"，将"遍体鳞伤"的受害者一步步推向了深渊，"反诈民警老陈"被网暴后辞去公职等。这些事例表明部分网民的媒介素养严重缺失，在事件的原委尚未清晰时便"管中窥豹"，迫不及待地在网络上发表言论，无形中成为谣言传声筒、暴力扩散器。因此，必须提升全民网络法治素养与道德修养。一方面，依托政府网站、专业普法网站和微博、微信、短视频、客户端等媒介开展普法活动，构建多层次、立体化、全方位的法治宣传教育网络，引导网民依法上网、文明上网、安全上网，从根本上避免网络暴力的发生。另一方面，引导网民树立健康向上的网络道德理念，自觉规范自我网络道德行为，理性甄别网络

社区平安志愿者宣传网络安全知识（图源：视觉中国）

---

① 侯玉波：《网暴心理学：如何预防与治理网暴》，人民政协网2023年5月15日。

信息,增强网络道德自律意识,科学使用网络工具,形成良好的上网习惯,努力营造清朗的网络空间。

(三)媒体勇于承担社会责任

根据2022年12月网民网络安全感满意度调查活动组委会发布的《网络暴力防控与网络文明专题调查报告》,部分网民对媒体在热点事件中的报道表现了不同程度的不信任。溯其原因,个别媒体缺少充分调查与论证,为了蹭热点、抢流量,未经核实便对事件进行不实报道,煽动公众情绪,导致悲剧的发生。部分媒体采用"断章取义""掐头去尾"等方式引流吸粉博关注,不惜制造和传播不实信息,对社会舆论氛围产生了不良的影响,给事件当事人造成了不可逆转的伤害。总结其中的教训,各类媒体应当发挥自身优势来减轻网络暴力对社会产生的负面影响,加强自身的舆论引导作用,做好信息传递的"领导者"和"把关人"。在报道的过程中,各类媒体首先应当坚持审慎客观的原则,切实将社会责任放在首位,严格遵守相关法律、政策和道德要求,严防陷入"追流量""贴标签""抢时效"的误区。另外,各类媒体作为新闻事件的报道者,对于民意、舆论应当有所体察,对于可能引发舆论风波、网络暴力的报道要"慎之又慎",确保报道内容的真实性与公正性。同时,媒体作为社会正能量的积极传播者，应当主动宣传网络暴力导致的悲剧，引导公众理性看待热点事件，减少或避免网络暴力的发生。

（四）织密法网让网络暴力无处遁形

网络暴力不仅形式多样、数量巨大，而且跨越时间、空间和人群。相较于传统的违法犯罪，网络暴力犯罪往往存在违法成本低、维权成本高的特点。因网络空间有匿名性和即时性特点，部分网民抱着"法不责众"的侥幸心理，在网络世界中盲从"意见领袖"，丧失了自己的理性判断，对自身言论的缺乏约束，在匿名"马甲"下肆意狂欢，随意侵犯他人的合法权益。习近平主席指出："要坚持依法治网、依法办网、依法上网，让互联网在法治轨道上健康运行。"[1]2023年9月，我国最高人民法院、最高人民检察院、公安部联合发布《关于依法惩治网络暴力违法犯罪的指导意见》（以下简称《意见》）指出："坚持严格执法司法，对于网络暴力违法犯罪，依法严肃追究，切实矫正'法不责众'的错误倾向。要重点打击恶意发起者、组织者、恶意推波助澜者以及屡教不改者。"《意见》彰显了司法部门依法严惩网络暴力违法犯罪、维护公民权益和网络秩序的决心，坚定了全社会打击网络

---

[1]　习近平：《在第二届世界互联网大会开幕式上的讲话》，《人民日报》2015年12月17日。

暴力的信心。只有高悬法治利剑，让网络暴力侵害人付出代价，让受害人的权益得到充分保障，网络环境才能不断净化；只有坚持破立并举、标本兼治，加强对平台的整治力度，加深对媒体的监管力度，加大对施暴者的惩罚力度，既切除病灶又铲除病根，才能让网络空间更加风清气正。

二十七

如何打击黑恶势力？

民生金句

要推动扫黑除恶常态化，坚决打击黑恶势力及其"保护伞"，让城乡更安宁、群众更安乐。

　　"黑恶势力"，顾名思义是与时代发展、与治国安邦正向价值导向相背离的恶势力，是严重影响人民生活、社会安定和繁荣发展的隐患。它的出现会严重损害党和政府的形象。所以，我们必须严厉打击直至彻底清除黑恶势力。随着新时代全面从严治党和反腐败斗争向纵深推进，尤其是在全国范围内开展扫黑除恶专项斗争后，黑恶势力很大程度上得到了遏制。但是，全面从严治党和反腐败斗争任重道远，黑恶势力攀附多个"保护伞"的现象还存在，并呈现更加隐匿的趋势，给我们党和国家在新征程中严厉打击黑恶势力带来了一定的困难和挑战。为此，我们要坚决铲除基层腐败和黑恶势力滋生的土壤，深挖涉黑涉恶腐败和黑恶势力的"保护伞"，以正风反腐惩恶的扎实成效，让人民群众有更多、更直接、更实在的获得感、幸福感和安全感。习近平总书记指出："要推动扫黑除恶常态化，坚决打击黑恶势力及其'保护伞'，让城乡更安宁、群众更安乐。"①2023年3月，第十四届全国人民代表大会第一次会议听取和审议了最高人民检察院检察长张军所作的《最高人民检察院工作报告》（以下简称《报告》）。《报告》指出："全力投入扫黑除恶专项斗争，坚持'是黑恶犯罪一个不放过、不是黑恶犯罪一个不凑数'，进入常态化后以打早打小促常治长效。起

---

① 《习近平在中央全面依法治国工作会议上强调　坚定不移走中国特色社会主义法治道路　为全面建设社会主义现代化国家提供有力法治保障》，《人民日报》2020年11月18日。

诉涉黑涉恶犯罪26.5万人，其中组织、领导、参加黑社会性质组织犯罪6.4万人。"在打击黑恶势力的过程中，我们要压实两个责任，在坚持各级党委领导下，发挥社会治安综合治理优势，推动各部门各司其职、齐抓共管；聚焦重点地区、重点行业、重点领域，大力打击各类黑恶势力违法犯罪；完善法律法规，确保有法可依，加强打击黑恶势力的可操作性，督促各级纪委监委特别是县级纪委监委把打击黑恶势力放在更加突出的位置，深入排查调查，深入群众之中了解情况，及时推动问题解决，精准打击黑恶势力。

（一）坚持各级党委领导，推动各部门各司其职、齐抓共管

黑恶势力存在、蔓延既有隐蔽性，又涉及社会生产生活等多领域。在党委的领导下，各部门要通力合作，全方位、全领域、全链条形成严厉打击黑恶势力的合力。党的十八大以来，扫黑除恶专项斗争是以习近平同志为核心的党中央作出的重大决策部署，事关巩固党的执政基础，事关国家长治久安，事关群众切身利益。2018年1月，中共中央、国务院印发《关于开展扫黑除恶专项斗争的通知》（以下简称《通知》）。《通知》强调指出，各有关部门要结合自身职能，主动承担好在扫黑除恶专项斗争中的职责任务，依法行政、依法履职，强化重点行业、重点领域监管，防止行政

不作为和乱作为,最大限度地挤压黑恶势力滋生空间。各有关部门要将日常执法检查中发现的涉黑涉恶线索及时向公安机关通报,建立健全线索发现移交机制。政法机关对在办案中发现的行业管理漏洞,要及时通报相关部门,提出加强监管和行政执法的建议。

各级党委和政府要将扫黑除恶专项斗争作为一项重大政治任务,摆到工作全局突出位置,列入重要议事日程。在严厉打击黑恶势力的过程中,很重要的一点就是要管住权力,使党员干部用好手中的权力。从现实中查处的黑恶势力事件来看,黑恶势力背后没有"保护伞"是不能够长期存在和发展的。

(二)聚焦重点地区、重点行业、重点领域,全力打击各类黑恶势力

从具体人、具体事着手,坚持靶向整治,重点打击黑恶势力。中共中央、国务院《关于开展扫黑除恶专项斗争的通知》强调,要聚焦涉黑涉恶问题突出的重点地区、重点行业、重点领域,把打击重点始终对准群众反映最强烈、最深恶痛绝的各类黑恶势力违法犯罪。此外,在党的六大纪律中,为黑恶势力充当"保护伞"被写入违反群众纪律的行为中,这一方面充分体现了我们党对为黑恶势力充当"保护伞"这一违纪乃至违法犯罪行为的精准定位,另一方面也充分地展现了党的性质宗旨,即全心

扫黑除恶宣传漫画（图源：视觉中国）

全意为人民服务。《中国共产党第十九届中央纪律检查委员会第三次全体会议公报》提出三个"严查"，严查基层干部违纪违法行为，严查黑恶势力"保护伞"，严查"村霸"、宗族恶势力和黄赌毒背后的腐败行为，表明打击黑恶势力及其"保护伞"的决心。我们要关注黑恶势力生长背后深刻的经济、社会、政治根源问题，研究在哪些问题、哪些领域、哪些时间容易出现黑恶势力及其"保护伞"。

黑恶势力的性质和本质决定了其产生有一定的社会、经济、文化等原因。黑恶势力的根本目的是以非正当手段谋取利益。因此，严厉打击黑恶势力必须抓住主要矛盾，聚焦重点行业、重点领域，集中整治，才能有效发现问题的同时解决问题，并推进行业的良性治理。近年来，全国检察机关与监察机关、公安机关、审判机关相互配合、制约联动，对教育、医疗、金融放贷、市场流通、信息网络、自然资源、交通运输、工程建设等行业领域开展专项整治行动，集中查处一批社会影响恶劣的涉黑涉恶大案要案。新征程中，我们要围绕全面建设社会主义现代化国家的目标任务，聚焦重点地区、重点行业、重点领域，持续推动常态化扫

黑除恶斗争走深走实，在真查、深查、倒查上下功夫，切实维护
社会大局稳定，坚决维护人民群众生命财产安全，维护社会和谐
稳定，巩固党的执政基础，为实现中国式现代化、实现中华民族
伟大复兴创造安全稳定的社会环境。

（三）完善法律法规，确保有法可依，加强打击黑恶势力的可操作性

2018年修订的《中国共产党纪律处分条例》增加了利用宗族
或者黑恶势力等欺压群众、充当黑恶势力"保护伞"行为的处分
规定。第一百一十五条规定："利用宗族或者黑恶势力等欺压群众，或者纵容涉黑涉恶活动、为黑恶势力充当'保护伞'的，给予撤销党内职务或者留党察看处分；情节严重的，给予开除党籍处分。"①这在之前的《中国共产党纪律处分条例》中并没有予以规定，可以说，2018年修订的《中国共产党纪律处分条例》新增这一条积极回应了社会关

2023年12月新修订的《中国共产党纪律处分条例》

---

① 《中国共产党纪律处分条例》，人民出版社2018年版，第47页。

切。2023年再次修订的《中国共产党纪律处分条例》保留了这一条，变为第一百二十五条内容。《中华人民共和国公职人员政务处分法》第三十七条规定："利用宗族或者黑恶势力等欺压群众，或者纵容、包庇黑恶势力活动的，予以撤职；情节严重的，予以开除。"但是在实践中，我们对"保护伞"的主观认识、客观认定存在一些难题。相关部门在查处违纪违法行为时，很难对涉案人员故意还是无意进行证据确凿的认定。这是因为，第一，涉案人员在辩诉的过程中，很容易辩解自己为无意的；第二，法律上"明知"的认定标准存在法律意义上的认定和普通大众的认定两种方式。所以，这就对我们的党纪法规提出了更高要求，即既能精准认定事实，又能做到合情合理。

（四）积极调动群众力量，充分用好"监督"利器，提升打击黑恶势力的精准性

黑恶势力一直是人民群众深恶痛绝的毒瘤，并且与群众距离最近，群众掌握的信息最直接最真实。打击黑恶势力必须紧紧依靠群众的力量，一方面要调动群众敢于监督、敢于举报的积极性和主动性，采取多种形式动员人民群众积极投身扫黑除恶专项斗争，只有广大人民群众踊跃参与和支持，凝聚起扫黑除恶专项斗争的磅礴力量，才能汇聚成人民群众参与打击黑恶势力的汪洋大

海；另一方面要与时俱进，充分调动各方监督力量，尤其是舆论监督、群众监督、社会监督等，增强打击黑恶势力的力量，强化警示震慑效应，释放出我们党和国家势与黑恶势力水火不容的信号。另外，在调动群众力量方面，我们需要党和政府给予群众真正的坚强支持，群众事无小事，不能因群众反映的问题情况复杂或是一时难以查清就充耳不闻，或是打击群众反映情况的积极性，要保护群众，不能让群众如实反映情况后受到黑恶势力的威胁打击报复。因此，要加大对党员领导干部干预干扰此类行为的惩处力度，对反映情况的群众实行严格保密制度，及时回应群众反映问题的办理情况，做到件件有着落、事事有回音，从根本上解决群众不敢反映的问题。同时，还应畅通群众反映渠道，切实提升群众反映问题线索的积极性和主动性。在充分利用各方监督力量方面，要根据当前黑恶势力违法犯罪组织形态、方式手段呈现新变化、新特征的趋势，及时调动各方监督力量，全方位、全时段打击黑恶势力。一要畅通监督渠道，健全监督举报机制，鼓励更多社会力量参与，把黑恶势力问题扼杀在萌芽阶段；二要利用舆论监督影响力大、传播速度快、影响范围广的优势，及时对打击黑恶势力活动进行实时跟踪，对打击黑恶势力进行宣传报道，让黑恶势力无处遁形。

二十八

如何治理群众身边的腐败？

民生金句

　　坚持严的主基调不动摇，坚持发扬钉钉子精神加强作风建设，坚持以零容忍态度惩治腐败，坚持纠正一切损害群众利益的腐败和不正之风。

群众身边的腐败关乎群众切身利益，关乎社会公平正义，关乎党和国家形象。党的十八大以来，党中央保持反腐败的高压态势，坚持党要管党、全面从严治党，坚持"老虎苍蝇一起打"，集中整治了一大批群众身边的腐败和不正之风问题，维护群众的切身利益，厚植了党执政的群众基础。对于群众身边的腐败，我们绝不能有歇歇脚松口气的心态。习近平总书记强调："坚持严的主基调不动摇，坚持发扬钉钉子精神加强作风建设，坚持以零容忍态度惩治腐败，坚持纠正一切损害群众利益的腐败和不正之风。"[①]这既是民意所盼，也是现实之需。

（一）坚持问题导向，紧盯群众身边的"微腐败"

党和政府要坚持问题导向，坚持底线思维，把问题作为研究制定政策的起点，把工作的着力点放在解决最突出的矛盾和问题上。党的十八大以来，党中央在全面从严治党、整治群众身边的腐败问题的过程中取得历史性成就。其中，一条很重要的经验就是坚持问题导向，把解决群众关心的实际问题作为打开工作局面的突破口。但是，我们不能躺在历史的功劳簿上，对群众身边的"微腐败"问题放松警惕，整治一切损害群众利益的腐败和不正

[①]　《坚持严的主基调不动摇　坚持不懈把全面从严治党向纵深推进》，《人民日报》2022 年 1 月 19 日。

之风问题依然任重道远。这就需要我们坚持问题导向，牢固树立实践第一的观点，深入人民群众、深入基层一线，发现治理腐败过程中存在的一些具有共性特征的难点、堵点问题，把整治群众身边腐败问题推向深入。

2021年4月22日，"我为群众办实事 纪委请您来出题"专栏在中央纪委国家监委网站上线启动。中央纪委国家监委通过这一专栏向全社会公开征集"整治群众身边腐败和不正之风"选题，推动解决群众反映强烈的急难愁盼问题。据统计，仅仅3个多月，中央纪委国家监委网站就收到了约50万条群众留言，这些留言涉及范围非常广，都是事关群众日常生活的领域，比如教育、医疗卫生、生态环境、乡村振兴等领域。

"我为群众办实事 纪委请您来出题"专栏（图源：中央纪委国家监委网站）

（二）强化政治自觉，对群众身边的腐败零容忍、严高压

在迈向第二个百年奋斗目标的新征程中，在深入推进新时代党

的建设新的伟大工程的历史进程中，能否着力解决群众的急难愁盼问题与群众身边的"微腐败"问题，事关党和国家发展大局，事关党的执政根基。习近平总书记指出："要保持反腐败政治定力，不断实现不敢腐、不能腐、不想腐一体推进的战略目标。"①"我们必须清醒认识到，腐败和反腐败较量还在激烈进行，并呈现出一些新的阶段性特征。"②"领导干部特别是高级干部要带头落实关于加强新时代廉洁文化建设的意见，从思想上固本培元，提高党性觉悟，增强拒腐防变能力。领导干部要增强政治敏锐性和政治鉴别力。"③坚持纠正一切损害群众利益的腐败和不正之风，必须强化政治自觉，做到民之所向，政之所向，要站稳群众立场，坚持人民至上；把好过程关，夯实基层基础；巩固效能关，释放制度优势，坚决做到老百姓反对什么、痛恨什么就坚决防范纠治什么，不断推动全面从严治党走深走实，不断厚植党执政的政治基础和群众基础。

要坚持人民至上，持续整治群众身边的腐败和作风问题。人民立场是中国共产党的根本政治立场，是马克思主义政党区别于其他政党的显著标志。"人民至上"是中国共产党作为马克思主义执政党的最高政治哲学，体现了中国共产党的宗旨原则，体现

---

① 《坚持严的主基调不动摇　坚持不懈把全面从严治党向纵深推进》，《人民日报》2022年1月19日。

② 《坚持严的主基调不动摇　坚持不懈把全面从严治党向纵深推进》，《人民日报》2022年1月19日。

③ 《坚持严的主基调不动摇　坚持不懈把全面从严治党向纵深推进》，《人民日报》2022年1月19日。

了科学社会主义的基本立场以及马克思主义的理论品格。对于群众身边的"微腐败"问题，我们绝不能以其恶小而忽视之，不能因其微小而轻视之。2023年，吉林省长春市纪委监委开展了基层腐败和作风问题信访举报"接诉即办"，推动查处一批群众身边的腐败和作风问题，及时回应群众关切。2023年，吉林省纪检监察机关立案11381件、处分9719人、移送检察机关469人。数字背后，是雷霆之势惩治贪污的高压震慑。2023年7月，中共咸阳市纪委监委通报了咸阳市武功县自然资源局土地储备中心副主任耿某对高标准基本农田项目推进不力问题。2021年6月，武功县供电公司对高标准基本农田项目中渠子村新打机井输配电工程进行验收时，因施工不符合供电要求，先后两次向项目管理单位县自然资源局送达《客户供电工程缺陷整改通知》，要求整改。但是，耿某作为项目负责人，对上述问题未采取有效措施，导致下辖的渠子村新打8眼机井因不能供电长期不能使用，对群众生产造成严重不良影响。2022年12月，耿某受到党内警告处分，存在问题已整改到位。

群众身边的腐败问题，只有群众最了解。当前，群众监督的渠道已经打开并不断完善，群众监督的方式不断优化。因此，我们要密切关注群众通过各种渠道和方式反馈的呼声诉求，尤其是群众的来电来访、留言来信，要第一时间核实情况并分类归档，第一时间予以回应，并制定可行的解决方案。

（三）以正风肃纪反腐为重要抓手

正风肃纪反腐是推动党的自我革命的重要突破口和切入点。以正风肃纪反腐为重要抓手深入推进党的自我革命，彰显了党中央对党的自我革命新动向、新形势、新任务的清醒认知，既是衡量党的自我革命成效的显著标志，也是实现党的既定目标的重要手段和有效载体。一是加强党对反腐败斗争的集中统一领导，积极整合反腐败全链条力量，强化专责监督力量与各职能部门的高效协同，提升自我革命的整体合力。要坚持一体推进不敢腐、不能腐、不想腐战略，同时发力、同向发力、综合发力，紧盯重点问题、重点领域、重点对象，大力惩治与遏制新型腐败和隐性腐败，以反腐败斗争的坚实成效深入推动党的自我革命。要持续深化改革，紧抓定政策、作决策、审批监管等关键权力，聚焦重点领域深化体制机制改革，完善权力配置和运行制约机制，阻断腐败滋生蔓延。二是突出严的基调深化党的纪律建设，增强党员干部同各种违法

云南省文山州领导干部党风廉政教育大讲堂（图源：文山州纪委州监委网站）

乱纪行为作坚决斗争的意识和能力。我们要充分发挥纪律建设标本兼治的利器作用，坚持把严明党的政治纪律和政治规矩放在首位，以学习贯彻新修订的《中国共产党纪律处分条例》为契机，加强纪律教育，增强党员干部的纪律意识、纪律素养。要以规范运用"四种形态"为导向严格纪律执行，加强重点法规制度执行情况监督检查，确保一体遵循、一体执行，营造整治群众身边的腐败问题的良好政治环境和政治氛围。三是坚持纠"四风"树新风一体推进，营造风清气正的政治生态，敢于善于自我革命。要积极推进作风建设常态化长效化，锲而不舍地贯彻落实中央八项规定精神，强化责任落实，分层级分领域进行宣传教育、重拳惩治和移风易俗。要强化统筹谋划、系统推进，激发整体合力，增强党员干部同形式主义、官僚主义、享乐主义和奢靡之风作斗争的底气与勇气，形成敢于刮骨疗毒的良好风尚，推动形成廉荣贪耻的社会氛围，坚决铲除群众身边的腐败问题产生的土壤和条件。

（四）巩固制度优势，将制度优势转化为国家治理效能，促进社会公平正义

制度是社会公平正义的重要保证。持续整治群众身边的腐败和作风问题，促进社会公平正义，关键在于将制度优势转化为国

家治理效能。习近平总书记强调:"努力让人民群众在每一个司法案件中都能感受到公平正义,决不能让不公正的审判伤害人民群众感情、损害人民群众权益。"①维护社会公平正义既需要刚性约束权力的体制机制,也需清除威胁公平正义实现的因素。我们要推动完善具有鲜明中国特色的党和国家监督体系,促进社会公平和正义。群众身边的"微腐败",绝不是小事情,也绝不是仅仅依靠自觉意识、道德约束等就可以彻底根除的,需要我们充分发挥制度优势,提升治理效能。一是持续整治群众身边的腐败和不正之风问题,必须用好制度的抓手。将制度优势转化为治理效能,促进社会公平正义,就是要对群众身边的用权之人以及制度执行者进行制度约束。"微腐败"产生的一个重要原因就是权力运行机制失之于宽。所以,"微腐败"要标本兼治,必须聚力于制度约束,深入分析查找机制建设存在的漏洞缺陷,扎紧制度的笼子。二是加强对制度执行的监督。法规制度的生命力在于执行,制度执行的好坏或是制度执行的彻底与否直接影响到国家治理效能,关乎人民群众的切身利益与根本利益。因此,我们要坚持人民满意标准。要紧盯人民群众衣食住行、柴米油盐等民生"小事",紧抓制度执行过程中的腐败问题与不正之风,强化系

---

① 习近平:《在首都各界纪念现行宪法公布施行30周年大会上的讲话》,《人民日报》2012年12月5日。

统思维和科学谋划，把腐败管控在对群众利益产生切实伤害与损失之前，一个问题一个问题解决，一个领域一个领域治理。以治理成效换民心民情民意，以正风肃纪反腐的治理成效增强群众获得感，夯实党的执政根基。

二十九

如何让天更蓝、山更绿、水更清？

民生金句

　　污染防治好比是分子，生态保护好比是分母，要对分子做好减法降低污染物排放量，对分母做好加法扩大环境容量，协同发力。

　　党的十八大以来，在习近平生态文明思想科学指导下，我国把"美丽中国"建设纳入社会主义现代化强国目标，把"生态文明建设"纳入"五位一体"总体布局，坚持绿水青山就是金山银山的理念，坚持山水林田湖草沙一体化保护和系统治理，生态文明建设和生态环境保护发生历史性、转折性、全局性变化，成为全球生态文明建设的重要参与者、贡献者、引领者。"我国建设社会主义现代化具有许多重要特征，其中之一就是我国现代化是人与自然和谐共生的现代化，注重同步推进物质文明建设和生态文明建设。"①习近平总书记指出："污染防治好比是分子，生态保护好比是分母，要对分子做好减法降低污染物排放量，对分母做好加法扩大环境容量，协同发力。"②2021年4月30日，第十九届中央政治局以"新形势下加强我国生态文明建设"为主题进行第二十九次集体学习，习近平总书记主持学习并发表《努力建设人与自然和谐共生的现代化》的重要讲话，强调"把握进入新发展阶段、贯彻新发展理念、构建新发展格局对生态文明建设提出的新任务新要求，分析我国生态文明建设面临的新形势，推动建设人与自然和谐共生的现代化"③。讲话指出要探究生态文明建设新形势新任务。新时代新征程中，生态文明建设该往何处发

---

① 习近平：《努力建设人与自然和谐共生的现代化》，《求是》2022年第11期。
② 习近平：《推动我国生态文明建设迈上新台阶》，《求是》2019年第3期。
③ 习近平：《努力建设人与自然和谐共生的现代化》，《求是》2022年第11期。

展，天更蓝、山更绿、水更清、环境更优美的目标如何实现等既关乎人民群众对美好生活的期待的实现，也关乎中华民族永续发展的根本大计，我们必须严肃对待。

（一）坚决贯彻落实习近平生态文明思想

生态环境保护不仅仅是经济问题、社会问题，而且蕴含深刻的政治问题。习近平生态文明思想，丰富和发展马克思主义关于人与自然关系的思想，是习近平新时代中国特色社会主义思想的重要组成部分，是党领导人民推进生态文明建设取得的标志性、创新性、战略性重大理论成果，为实现天更蓝、山更绿、水更清、环境更优美的目标提供了根本遵循。2013 年 4 月 25 日，习近平总书记在十八届中央政治局常委会会议上关于第一季度经济形势发表讲话时谈道："如果仍是粗放发展，即使实现了国内生产总值翻一番的目标，那污染又会是一种什么情况？届时资源环境恐怕完全承载不了。经济上去了，老百姓的幸福感大打折扣，甚至强烈的不满情绪上来了，那是什么形势？所以，我们不能把加强生态文明建设、加强生态环境保护、提倡绿色低碳生活方式等仅仅作为经济问题。这里面有很大的政治。"[1]一句"这里

---

① 《党的十八大以来习近平总书记关于生态工作的新理念、新思想、新战略》，求是网 2016 年 3 月 30 日。

面有很大的政治"，不仅道出了从政治高度上讲生态环境保护的极端重要性，而且深刻地指出了生态环境保护的问题，不是简简单单的实现经济增长、满足人民物质需要的问题，也是一个极为关键的政治问题。

一是必须引领激励各地区各部门把研究宣传贯彻习近平生态文明思想进一步引向深入，推动广大党员、领导干部切实用习近平生态文明思想武装头脑、指导实践、推动工作，不断提高全社会生态文明意识，牢固树立社会主义生态文明观，坚定不移走生产发展、生活富裕、生态良好的文明发展之路，以对历史、对人民、对子孙后代高度负责的态度，努力建设人与自然和谐共生的美丽中国。二是要坚持正确政绩观，准确把握保护和发展的关系。党的十八大以来，以习近平同志为核心的党中央从中华民族

黄河三角洲湿地风光（图源：视觉中国）

和中华文明永续发展的高度,作出黄河流域生态保护和高质量发展的重大战略决策。习近平总书记强调:"党中央把黄河流域生态保护和高质量发展上升为国家战略以来,我们围绕解决黄河流域存在的矛盾和问题,开展了大量工作,搭建黄河保护治理'四梁八柱',整治生态环境问题,推进生态保护修复,完善治理体系高质量发展取得新进步。"①我们要把大保护作为关键任务,通过打好环境问题整治、深度节水控水、生态保护修复攻坚战,明显改善流域生态面貌。未来,在实现第二个百年奋斗目标新征程上,要坚持生态优先、绿色发展,把生态文明理念发扬光大,为社会主义现代化建设增光增色。

(二)推动完善生态文明制度体系

制度建设具有管根本、管长远的作用。党的十八大以来,以习近平同志为核心的党中央加快推进生态文明顶层设计和制度体系建设,相继出台《关于加快推进生态文明建设的意见》《生态文明体制改革总体方案》等,制定了40多项涉及生态文明建设的改革方案,修订《中华人民共和国环境保护法》,为从制度保障层面加强生态文明建设进行全面系统部署,不断健全生态文明制

---

① 《咬定目标脚踏实地埋头苦干久久为功 为黄河永远造福中华民族而不懈奋斗》,《人民日报》2021年10月23日。

度体系，用最严格的制度、最严密的法治划定生态红线，守护绿水青山，推动"美丽中国"建设。目前，我国已有生态环境保护法律30余部、行政法规100多部、地方性法规1000余部，及其他大量涉及生态环境保护的法律法规，为形成并完善生态文明制度体系打下了坚实基础。

　　加快建立系统完整的生态文明制度体系，就是要引导、规范和约束各类开发、利用、保护自然资源的行为，用最严格制度最严密法治保护生态环境。要聚焦坚持和完善生态文明制度体系的努力方向和重点任务，积极推动实行最严格的生态环境保护制度、全面建立资源高效利用制度、健全生态保护和修复制度、严明生态环境保护责任制度。在具体的责任分配与执行中，我们一方面要实行环境保护"党政同责"与"一岗双责"，促进环境共治。要积极有效地发挥地方党委、政府、人大、政协、司法机关、社会组织、企业和个人在生态文明建设中的作用，通过编制自然资源资产负债表、开展领导干部自然资源资产离任审计、生态文明建设目标评价考核、生态环境损害责任追究等措施实现环境共保护共治理。另一方面，我们要深入开展中央生态环境保护督察，倒逼地方转型和提质增效。党的十八大以来，党中央推动环境保护"党政同责""一岗双责"，突出地方党委和政府在环境保护治理体系中的作用，突出其他监管部门的分工负责作用，并配套失职追责的机制。这套行之有效的体制机制建构，极大地提升了地方党委和政府对生态文明建设和生态环境保护的意识与觉悟。未来，我们还要深化生态文明体制改革，健全法律法规，完善标准体系，完善生态环境监管制度，健全生态保护补偿机制，完善责任追究制度，以完善的生态文明制度体系保障全党、全社会积极行动，深入持久地推进生态文明建设，加快形成人与自然和谐发展的现代化建设新格局，开创社会主义生态文明新时代。

（三）坚持人民至上，压实生态环保政治责任

良好的生态环境是最普惠的民生福祉。坚持用最严格制度最严密法治保护生态环境是习近平生态文明思想的重要内容，是新时代生态文明建设的制度保障。习近平总书记强调，"环境就是民生，青山就是美丽，蓝天也是幸福"[1]，"良好生态环境是最公平的公共产品，是最普惠的民生福祉"[2]。我们持续打好蓝天、碧水、净土保卫战，让我们的祖国天更蓝、山更绿、水更清、生态环境更美好。各级领导班子、领导干部要发挥"关键少数"的重要作用，确保党中央关于生态文明建设的各项决策部署落地生根见效，深入推进生态环境保护，满足人民群众对优美生态环境的期待。

---

① 《习近平总书记论生态文明建设》，《人民日报》2017年8月4日。
② 《习近平总书记论生态文明建设》，《人民日报》2017年8月4日。

切实履行生态环境保护职责，不断开创新时代"美丽中国"建设新局面。为切实推动有关职能部门履行好生态环境保护职责，中央全面深化改革委员会审议通过《关于推动职能部门做好生态环境保护工作的意见》，对推动严格落实生态环境保护责任、建设人与自然和谐共生的"美丽中国"具有重要指导意义。一是各级党委和政府要坚决扛起生态文明建设的政治责任，对群众反映突出的生态环境问题要及时核实回应、解决，同时要因地制宜，制定本地区的生态环境保护措施，建立健全监督保障等机制，强化对落实生态文明建设政治责任情况的监督，以精准有力的问责，推动生态环境问题集中整改、一体整改，确保生态文明建设工作务实、过程扎实、结果真实，让祖国天更蓝、山更绿、水更清、环境更优美。二是各相关部门要履行好生态环境保护职

秦岭风光（图源：视觉中国）

责，管发展的、管生产的、管行业的部门必须按"一岗双责"的
要求抓好工作，使各部门守土有责、守土尽责，分工协作、共同
发力。三是要压实生态环保政治责任，最重要的是抓住、抓好领
导干部这个"关键少数"，使各级领导机关、领导班子、领导干
部自觉当表率，上级带下级，形成上行下效、整体联动的生动局
面，切实把生态环境保护的各项政策措施贯彻落实，并促使党内
形成良好的生态环境保护氛围和风气，从而带动地区群众乃至全
社会形成良好的生态环境保护意识和思想。

后　记

2023年4月1日,《中共中央关于在全党深入开展学习贯彻习近平新时代中国特色社会主义思想主题教育的意见》指出："坚持人民至上,一切为了人民、一切依靠人民,始终同人民同呼吸、共命运、心连心,把为民办实事作为重要内容,以群众满意不满意作为根本评判标准,紧紧抓住人民群众最关心最直接最现实的利益问题,把惠民生、暖民心、顺民意的工作做到群众心坎上,不断增强人民群众的获得感、幸福感、安全感,让现代化建设成果更多更公平惠及全体人民。"2024年2月23日,《中共中央办公厅关于巩固拓展学习贯彻习近平新时代中国特色社会主义思想主题教育成果的意见》指出："各级党政领导班子和涉及民生领域的部门、单位要结合自身实际,建立民生事项清单,推动解决群众反映强烈的突出问题。坚持和发展新时代'枫桥经验',推行'街乡吹哨、部门报到'、'民呼我为'、'接诉即办'等做法,及时回应人民群众合理诉求,切实把好事办好、实事办实、难事办妥。学习运用'千万工程'经验,坚持因地制宜、分类施策，循序渐进、久久为功，着力办好让群众可感可及的实事。"这说明，解决人民群众的民生关切事始终是党和政府摆在第一位的大事要事。

人民群众的关切事，到哪里去寻找答案呢？习近平新时代中国特色社会主义思想坚持以人民为中心的根本立场，积极回应民生关切，对老百姓提出的很多民生问题给出了鲜活的答案。为了深刻领悟"两个确立"的决定性意义，为了深刻认识深入开展学习贯彻习近平新时代中国特色社会主义思想主题教育的重大意义、深刻理解习近平新时代中国特色社会主义思想以人民为中心的根本立场，我们梳理了老百姓关注的二十九个民生问题，从习近平总书记的相关重要论述里寻找答案。

习近平总书记的相关重要论述是解决民生问题的指导思想和根本工作遵循。本书的思路是先把老百姓提出的问题摆出来，阐述老百姓为什么会提出这样的问题，然后从习近平总书记的相关重要论述中找到答案。最后，阐述党和国家民生方面的具体政策，以及解决的办法、各地的实践、取得的成效。

本书由中共中央党校（国家行政学院）科研部副主任、教授、博士生导师洪向华担任主编，设计提纲、组织书稿、统稿，并负责前言、后记的撰写。具体的编写任务分工如下：中国地质大学（北京）马克思主义学院副教授杨润聪、硕士祝宗慧共同承担第一、第二、第三章；山东大学马克思主义学院博士赵培尧承担第四、第五、第八、第九、第十八章；山东大学马克思主义学院博士解超承担第十二、第十九、第二十五、第二十六章；北京化工大学马克思主义学院讲师、博士王海璇承担第六、第十三、第二十章；中国石油大学（北京）马克思主义学院讲师、博士冯文燕承担第十、第十七、第二十一章；山东大学马克思主义学院博士王辰承担第十一、第十四、第十五、第十六章；中共中央党校（国家行政学院）党建部博士李梦珂承担第二十二、第二十三、第二十四章；北京化工大学马克思主义学院讲师、博士于欢承担第二十五章；中国纪检监察学院党建部助理研究员、博士张杨承担第七、第二十七、第二十八、第二十九章。

由于时间仓促，能力有限，本书不足之处在所难免，有些内容也需要进一步完善。在写作的过程中，我们参考了大量的著作、论文，未能一一列举出来，一并对业内同行表示感谢。因书中所用部分图片的拍摄者信息不详，无法一一联系或确定著作权人，请相关著作权人与山东人民出版社总编室联系，略付薄酬，聊表谢忱。

山东人民出版社副总编辑王海涛，重点项目编辑室编辑崔敏、战海霞等同志做了很多具体工作，给出了非常宝贵的建议。在此，对他们的辛勤劳动表示感谢。

洪向华

2025年1月